李鸿章传

民国大师经典书系

梁启超／著
张　健／注译

北京理工大学出版社

图书在版编目（CIP）数据

李鸿章传 / 梁启超著；张健注译. — 北京：北京理工大学出版社，2016.6（2023.3重印）

ISBN 978-7-5682-2100-9

Ⅰ.①李… Ⅱ.①梁… ②张… Ⅲ.①李鸿章（1823～1901）—传记 Ⅳ.①K827=52

中国版本图书馆CIP数据核字（2016）第062563号

出版发行 / 北京理工大学出版社有限责任公司

社　　址 / 北京市海淀区中关村南大街 5 号

邮　　编 / 100081

电　　话 /（010）68914775（总编室）

（010）82562903（教材售后服务热线）

（010）68948351（其他图书服务热线）

网　　址 / http: //www.bitpress.com.cn

经　　销 / 全国各地新华书店

印　　刷 / 三河市嵩川印刷有限公司

开　　本 / 889 毫米 × 1194 毫米　1/32

印　　张 / 6.375

字　　数 / 124千字

版　　次 / 2016 年 6 月第 1 版　2023 年 2 月第 2 次印刷

定　　价 / 45.00元

责任编辑 / 刘永兵

文案编辑 / 刘永兵

责任校对 / 周瑞红

责任印制 / 边心超

序例

一、本书全部仿照西方撰写人物传记的体裁，记载讲述了李鸿章一生的事迹，而后加以论断，从而能够使后世的读者知晓其为人。

一、中国古代旧的文学体裁，所有用来记载人物事迹的，有的采用传记，有的采用年谱，有的采用行状，这些文体都只含记事，但是不予评论，其中有的会把对主人公的评价附在全篇末尾。然而夹叙夹议这种写作方式，实则由太史公司马迁开创，《史记》中的《伯夷列传》《屈原列传》《货殖列传》等篇都是。后人的历史知识有所欠缺，不敢轻易学习太史公这种写作方式。著者不才，私自在这里附上本人认为合适的评论。

一、四十年来，纵观中国的所有大事，几乎没有一件是与李鸿章没有关系的。所以本人才为李鸿章作此传，而且特意采用近世的语言亲自来写。著者对于当时局势略微的一些个人见解，丝毫不敢隐瞒和避讳半分，意图不在于古人，而在于能够为后世之人提供一些启发。遗憾的是准备时间太仓促，甚至带的行李箱中连一本可供考证的书都没有，所以深知本书记录和讲述的内容中难免有错误。至于修补和纠正错误的事情，希望以后有机会再说吧。

一、在平吴之役这一战役中，记载了非常多关于湘军的事迹，似乎涉及了事情的枝蔓；但是湘军和淮军的关系极其烦琐复杂，如果不这样记载的话就不能够清楚地阐述当时的形势，希望读者能够原谅。

一、《中东和约》《中俄密约》《义和团和约》，本文都收录了它们的全文。因为关于李鸿章事迹的原因和结果与这些公文有着千丝万缕的联系，所以我一点儿都没敢拖沓，尽快地把这些都记录了下来。

一、在中国有很多关于合肥人李鸿章不好的言论。著者与他，在政治上是公敌，私交上也不深，属于泛泛之交，但一定不会存心写一些冤枉他的言语。不过书中多为他解释的言语，与世俗的言论有相同的地方，也有差异的地方，本来记载历史就要秉持公平之心；否则的话，为什么要在书籍出版方面取祸呢！英国的名相格林威尔曾经斥责某个画工说"Paint me as I am"，说画像一定不要失去我本来的面貌。我撰写这本书，自信不至于会被格林威尔斥责。合肥人李鸿章如果知道了，一定会在黄泉之下微笑着说：“这小子懂我！”

光绪二十七年十一月十六

著者自记

目　录

第一章 绪论

天下只有庸常之辈既不会受责备，也不会得到赞誉。如果一个人能够让全天下都恨他，那么他就可以称得上是超乎寻常的奸雄；如果一个人能够让全天下的人都赞美他，那么他则可以称得上是超乎寻常的豪杰。虽然天下有很多人，但是其中庸常之辈占了绝大多数，非常之人不到百分之一，用普通人的标准来评价非常之人，靠谱吗？所以誉满天下的人，未必不是欺世盗名之徒；谤满天下的人，也未必不是伟人。俗话说："盖棺定论。"可我却发现有些人死了几十年几百年，还是没有一个确定的评价。说好的还在说好，说坏的还在说坏，后世的评论者即使想要评价一番也没有可以借鉴的东西。比如说，有的人被千万人赞扬，但诋毁他的人也不下千万；夸他的人把他捧到极致，骂他的人也把他贬到一文不值；他今日所受到的诋毁恰好可以抵消从前得到的赞誉；他所得到的赞誉也足够与他所受的诋毁相抵偿。能够做到这些的人究竟是什么样的人呢？答：这个人可以称得上是一个超乎寻常的人了！他是大奸之徒还是超乎寻常的英雄豪杰，姑且先不要去谈论，总之，这个人的所作所为并不是不在他的位置上的人所能够看得清的，也不是庸人可以信口雌黄的。如果你明白了这些，就可以读一读我写的《李鸿章传》这本书了。

我敬重李鸿章的才干，我痛惜李鸿章的胆识，我伤悲李鸿章的遭遇。李曾经被派遣出访欧洲，到了德国，去拜见前宰相比斯麦（今译为俾斯麦），询问他说："作为朝中大臣，想要为国家尽自己的一份力。但是朝廷里有很多政见和自己的不相符，他们群体联合起来想要牵制我。碰到这种情况还是想要实现自己的志向，你有什么好的建议吗？"比斯麦回答说："最主要的在于得到君心。你单独占有君心后，还有什么事是不能做的呢？"李鸿章说："譬如有一个人是这样的，他的君主不管是谁的话都会听；位于关键位置的大臣和君主身边的贴身侍从等，这些人经常假借君王权威挟持大局。如果遇到这样的人应该怎么办？"沉默良久，比斯麦说："我们作为朝中大臣，用最虔诚的心担忧国家，大概到最后没有不能得到君心的。只有与妇人和孺子一起共事，则可能不会这样。"听后，李鸿章若有所思的样子（这段话根据西方报纸翻译出来，平常用华文登载在《星轺日记》上的那些内容，因为有所忌讳所以不敢全部写进去）。呜呼！我看到这里，而知道李鸿章胸中好像积郁着石块，满腹牢骚抑郁，有的不是旁观者所能明白的。我之所以责备李鸿章就在于此原因，我之所以体谅李鸿章原因也在此。

自从李鸿章这个名字出现在世界上以来，五大洲很多国家的人士，几乎只见到过李鸿章名号，却不知道有中国。用一句话来概括，就是李鸿章是中国独一无二的代表人物。听甲国人来评论乙国的事情，必定不能得到事情的真相，这道理本来就不必用过多言语解释，但是总而言之，李鸿章还是中国近四十年来第一重要的人物。读中国近代历史的人，一定不能不谈论李鸿章；而读李鸿章传的人，也一定要查看中国近代史。这是有识之士都能认同的。所以我今天所写的这本书，也可以称为“同光以来大事记”。

不仅如此，凡是一国今天的现状，必定与这个国家之前的历史是相呼应的，所以之前历史是当今现象的原因；当今发生的现象是历史的结果。依我看李鸿章和今天的中国，二者之间的关系是那么深厚，要想谈论李鸿章这个人物，一定要以洞察世事的眼睛，观察中国数千年以来政权动荡和变迁的大势、民族势力暗中的此消彼长和李鸿章在世时中外交涉的隐情，如此来得出李鸿章在中国历史上的位置。孟子说：知人论世。况且这世道都不能那么容易谈论，人哪是那么轻易就能了解的呢？

当今中国的俗论家，往往都是以剿灭太平天国等北方起义兵团来作为李鸿章的功劳，将数次与列强和议列为李鸿章的罪状。我认为只说这两件事，功劳和罪状的定义未免不太妥当。昔日比斯麦曾经对李鸿章说："我们欧洲人以能够打败不同国家的人为功劳。同一国家的人自相残杀来保住一种姓氏，欧洲人不认为这是什么可骄傲的事情。"李鸿章剿灭太平天国等北方起义兵团，就好比兄弟之间分割家产，哥哥杀害了弟弟。这种行为还能称为功劳，是为兄弟们所惧怕的。再说国人们都对国耻愤怒，十分痛恨和议的事情，就把这所有的怨恨都聚集到李鸿章一个人的身上，虽然这件事并不是没有原因，但是如果反过来想想，一八九五年二三月、一九〇〇年八九月之交的时候，假使把议论李鸿章的人放在他的位置上，那么他们处理的结果能够比李鸿章处理得更好吗？把这些统统归罪于李鸿章一人，只是那些看客和笑骂者逞一时口舌之快而已。所以我所谈论的李鸿章对于中国的功劳和罪过，正是其他方面。

李鸿章已经去世了。外国人谈论他，都认为李鸿章是中国最厉害的人。又说："李鸿章之死，对于中国今后的全局来说，一定是很大的变动。"李鸿章到底能不能称得上是中国最厉害的人，我不敢随便说；但是要光看现在朝廷五十岁以上的人，能够做到三四品以上的官员，没有一个是能赶得上李鸿章的，这是我能断言的。李鸿章之死与中国全局是否有联系，我不知道；但是要说当今政府失去一个李鸿章，就像老虎失去帮助它的伥鬼，瞎子失去帮助和指引，前途岌岌可危，会有越来越多的事情发生，这又是我敢断言的。但是我希望外国人相关方面的言论都不是真的。如果他们说的都是真的，我们中国这么大，却只依赖李鸿章一人，那么中国怎么还能重新兴盛起来？

西方有一句人们常常讲的很有哲理的话，是这样说的："时势造英雄，英雄亦造时势。"像李鸿章这样的人，我不能说他不是英雄。即使这样，他也只能称得上是被当时局势所造就的英雄，而不是能够造就时势的英雄。被时势所造就的英雄，只是寻常的英雄而已。天下这么大，古往今来，那么长的时间，哪个地点、哪个时间没有时势呢？所以当我们读完一部"二十四史"，会发现像李鸿章这类的英雄，车载斗量，不可胜数。如果要说造时势的英雄，放眼望去，数千年都难得遇到一个。这就是我们中国的历史总是沿袭老一套，缺乏创造和革新，所以最终不能大放异彩来震惊和照耀世界的原因啊。我著写这本书的时候，心中不断萦绕着这种感想。

史家有对霍光的评论，惋惜他不学无术。我认为李鸿章之所以不能成为非同寻常的英雄，也只不过是因为这四个字罢了。李鸿章不了解治理国民的原则和道理，不通晓世界发展的大的趋势，不知道政治的根本原理，正赶上19世纪这个物竞天择和不断进化的世界，却只想靠着缝缝补补小的漏洞来弥补，图一时的安宁，而不去致力于扩张和培养国家和人民的实力，想要将国家处于实力道德皆完备的现实，却仅仅捡来西方的一些皮毛，只是一味地汲末流之水却不思其本源，于是这样自己就满足了。更糟糕的是，凭借一些小聪明和小伎俩，想要和世界上那些著名的大政治家相角逐，把丰厚的大的利益让给他们，却争取一些鸡毛蒜皮的小利益，不是不能做到鞠躬尽瘁，可是又会有什么成就呢？孟子说：“放饭流歠而问无齿决，此之谓不知务。”大概他说的就是这类人吧。李鸿章晚年时期一次次的失败，都是出于这个原因。即使是这样，这又哪是什么足够值得深深责备的呢？他李鸿章本来就不是能够造就时势的人。每个平凡的人出生在这个世界上，都会被这个社会数千年存留的思想、习俗、道义、伦理所束缚，自己却是不能也无法从中脱离的。李鸿章没有生在欧洲却出生在了中国，也没有出生在今天，而是出生在了数十年之前，先于他出生的前辈、和他一起出生的同辈，甚至连一个有能力、能够造就时势的来引导他或者帮助他的英雄都没有。既然这样，我们可以说那个时代，那个地方所孕育出来的人物，充其量也就是这样了，本来就不能算是李鸿章一个人的错误啊。又考虑到他所遭遇的一些事情，再加上他的好多志向并没有完全得到实行，所以我这才说了敬重李鸿章的才干，痛惜李鸿章的胆识，伤悲李鸿章的遭遇。但是此后有继承李鸿章的后起之秀吗？时代的局势既然已经变了，那么造就英雄的时代基础自然也会改变，希望千万不要再拿我所说的宽恕李鸿章的这些原因来自我饶恕了。

第二章　李鸿章之位置

- 中国历史与李鸿章的关系
- 本朝历史与李鸿章的关系

如果想要评定李鸿章这个人物，那么我们论述李鸿章生活和居住的国家，和他出生和成长的时代的时候，有两件事不能不仔细研究：

第一件事是：李鸿章居住的地方，是有着数千年的君权至上、君主专制的国家，而此时又恰好正值封建专制政治体制发展到巅峰，到达鼎盛极点的时代。

第二件事是：李鸿章居住的地方，是满洲人入主中原华夏后建立的国家，而当时又赶上各民族混合生活已经很久了，汉人的权利逐渐初始恢复的时代。

那些评论的人们动不动就说："李鸿章是近代中国历史上很有权势的大臣。"我不知道那些评论者口中所说的权势之臣到底是什么样的，他们对权势之臣的定义是怎样的。但是，如果要是拿李鸿章与汉代的霍光、曹操，明代的张居正，和与他时代相近的欧洲、美洲、日本等所谓的立宪君主的大臣们相比较，那么他的权力必定和他们的是迥异又不相等同的。假使李鸿章果真是他们口中所说的有权势之臣，再来看古代的中国有权势之臣独断专横，作威作福，挟持威胁君主，天下人都惧怕他们，他们甚至都威胁到江山社稷。但是李鸿章却努力为君国而忠直谏诤，忠心耿耿，甚至都不顾自身，完全不考虑个人得失，这可以称得上是纯粹的忠臣了。假使李鸿章果真是他们口中所说的有权势之臣，再来看近代各国有权势之臣都雷厉风行、大刀阔斧地采取措施改革朝政，做事完全按照自己的想法，丝毫不会避讳别人的怨恨和闲话，但是李鸿章却萎靡不振，因循守旧，害怕头害怕尾的，没有什么大的成就，这样的他也只能算是庸臣了吧。虽然话是这样说，但是李鸿章所处的环境还是有很多与那些人完全不相同的。我试着和读者一起明察事物，洞察奸邪，罗列证据，从上到下，由古至今，放到一起来谈论。

中国是一个封建君主专制体制的国家，这是天下人都知道的。这种专制政治体制，也是遵循着进化的天理，渐渐发展，直到今天这个时代，完善程度终于达到极致。所以那些有权势的大臣们的权力，迄今为止已经被剥夺得所剩无几。让我们追溯到春秋战国的时候，鲁国的三桓、晋国的六卿、齐国的陈田，他们是历史上有权势的大臣里最为出色的。当时采用的是纯粹的贵族政体，大臣对于国家来说，是万人里挑千人，千人里挑选百人，枝杈强壮却伤及了树干，这样的发展趋势是必然的。再回顾两汉时期，天下统一，中央集权的政体已经在渐渐萌芽，但是它的根基还没有稳固，所以外戚发动侵略的这类祸端特别严重。霍、邓、窦、梁这等人的动乱一个接着一个，不断发生，气焰很盛。王氏趁此机会甚至盗取了皇权，但这一时期大体上仍然还保存着贵族政治发展的余波。如果不是有着巨大功绩和非凡经历的人，是不敢觊觎朝廷大权的。范晔在他所写的《后汉书》里谈论张奂、皇甫规这些人的时候，说他们的功绩占了全天下的一半，声名远扬四海，他们的举手投足，足以影响朝廷的意见。但他们还是谦卑谨慎，不存二心。把这一结果归功于推行儒术的功劳，也是当然的事情。但那时贵族掌握大权的风气还没有衰落，所以那些不是贵族的人，丝毫不敢有非分的想法，也是原因之一啊。这是有权势的大臣里的第一类。等到到了董卓之后，英雄豪杰各地蜂拥而起，曹操趁着这个机会来窃取皇位，凭借着武力而能够成为有权势的大臣。这种夺权方式从曹操开始，此后的司马懿、桓温、刘裕、萧衍、陈霸先、高欢、宇文泰这些人，都是遵循着曹操的轨迹。这些是有权势的大臣里的第二类。再比如说秦代的商鞅，汉代的霍光、诸葛亮，宋代的王安石，明代的张居正等人，都是出身于平民百姓，没有什么靠山，而是凭借自己的真才实学得以结交君主才为世知晓的。被君主委以重任，接受封官，并得以施行他们的志向，全国上下都听命于他们，在一段时期内，权臣的权力大到极致，几乎具备了近代君主立宪国家里大臣的地位和作用。这是有权势的大臣里的第三类。在此之下，就是靠着用花言巧语和媚态伪情来迷惑、取悦君主，表面献媚，暗自里却偷偷滥用国家权力，残害和荼毒百姓的那一类了，比如秦朝的赵高，汉代的十个常侍，唐朝的卢杞、李林甫，宋朝的蔡京、秦桧、韩侂胄，明朝的刘瑾、魏忠贤，他们残害百姓，贪污腐败，做的坏事数不过来。这是有权势的大臣里的第四类。以上的四类，中国数千年以来的所谓的有权势的大臣，大概全部就是这些了。

进一步来谈论这些，越是古代那么掌有权势的大臣就越多，越是近代那么掌有权势的大臣就越少。发生这种情况的原因是什么呢？大概是有权势的大臣数量的减少和增长，是与专制政治体制的进化成相应比例的，而中国的专制政治之所以会那么发达，其中有两大原因：一点是因为教义禁锢和束缚人们思想，另一点是因为封建君主的统治和管制。孔子鉴于周代末期贵族跋扈的弊端，思考遵奉一个至高无上的君主，以此来安定天下，因此对权在朝臣的现象痛心疾首，著述立言，反复再三地阐明思想。汉朝建立后，叔孙通、公孙弘这些人改进儒家思想，以此来树立君主的权威。汉武帝推行儒家六艺，罢黜百家，一心通过这些措施来教导天下百姓，尊卑的分辨日益严格，由此世人才开始把权臣当作是政治治理上的弊端。从那以后的两千多年来，都把这种思想作为国民教育的中心内容。宋代的贤良之士更是大肆发扬它的影响，此思想的基础更加牢固。凡是缙绅知识分子和上流人士、洁身自好的人等，没有不战战兢兢的。这种思想既然已经深入人心，自然能够消除那些枭雄心中飞扬跋扈的想法，被束缚在名教里乖乖遵规蹈矩。汉代的诸葛亮，唐代的汾阳，还有近代的曾国藩、左宗棠，甚至是李鸿章，他们的行为处事都是拜这一思想所赐。再说历朝历代的君主，学习借鉴兴盛和灭亡的原因，思考修补挽救的方法，所采取的办法一天比一天缜密，所以贵族把持大权的现象到了汉代就消失殆尽，没有了。汉代的光武帝、宋代的宋太祖对待功臣，俸禄等待遇都十分丰厚，却解除他们的兵权；汉高祖、明太祖对待功臣，铲除自己心中怀疑的人，灭杀其整个家族。虽然他们宽容度、忍耐度的做法不一样，但是通过削弱他人权力来巩固自己的统治，这样的思想都是一样的。到了近代，天下都统一为实行郡县制，得到土地不再通过世袭，内外彼此之间都互相牵制，况且天子还手拿长鞭，像对牲畜一样使唤他们。即使担任侍中高官十年之久，即使开疆拓土千里之大，一纸圣旨早上传下，傍晚就会立即解除印绶，束手就擒，任人摆布，和普通百姓没有什么两样。处于重要地位的人没有几个能够幸免的，他们只能用不要持有过重的权力、保证能够全身而退来劝诫和勉励自己了，这岂是一定比古人性格善良吗？也就是大势所趋，被现实逼迫的罢了。因为这两个原因，狡黠圆滑的人都会有所顾忌，不敢放肆，天下稍稍得以安宁一些。洁身自爱的人，心中常常怀有如履薄冰、如临深渊的危机感，不想使自己处于受人猜疑的境地，即使事关国家大事，就算明明知道这件事的意义并且应该当仁不让，也不敢力排众议，忤逆君主之意使自己处于风口浪尖之中。有一句谚语是这么说的“做一日和尚撞一日钟”，全朝廷的所有官员都是遵守这个原则的，这不是一朝一夕所形成的，这个行为准则的由来是日积月累逐渐形成的。

等到了本朝，又有非常重要的一个原因。本朝廷曾经是东北的一个部落，崛起发达，入主中原，凭着数十万的外族人，驾驭着数万万主流民族的居民。他们不可能不存在满汉之分，势必要分出你我彼此，是现实的形势所致使的。滇、闽、粤三地曾经任命投降的将领作为知府，却形成尾大不掉朝廷难以控制的局面，朝廷竭尽全力加以改变后，威权才开始完全被朝廷控制。此后这两百多年来，只有满族的官员可以成为权臣，而汉族的官员里没有掌握权势的大臣。

像是鳌拜，像是和珅，像是肃顺、端华这些人，差不多可以和前朝的权臣相比的，他们都是满族人。统计每次军队军事行动，像平定三藩，平定准噶尔，平定青海，平定回部，平定哈萨克布鲁特敖罕巴达克爱乌罕，平定西藏廓尔喀，平定大金川以及小金川，平定苗族，平定白莲教、天理教，平定喀什噶尔，出兵十几次，用的都是旗人的军队，任用亲王贝勒或者满族大臣来率领军队。日常的情况，朝廷内部的重要职位，外派委任的地方主官，汉族人只是凑数补充而已，对于政事没有什么发言权。比如顺治、康熙年间的洪承畴，雍正、乾隆年间的张廷玉，虽然职位很高，个人声望很大，然而实际上只是一个摆设而已，有名无实。剩下的百余号同僚，更不值得一提了。所以说咸丰帝以前，将帅、丞相等这一类的重要职位，汉人从来就没有当上过（将领里有一两个，也是加入满族的汉人）。等到洪秀全、杨秀清等人发动起义，赛尚阿、琦善这两个大学士被任命为钦差大臣，率领着八旗精兵远征，拖延贻误了战机，令敌方扩张了实力，到这时才开始知道旗人军队不能用，委派、任命汉族人执掌军事，于是就从这里开始了。所以金田一战，实际上是满、汉两族权力削弱和增长的最开始的重要关头。等到曾国藩、胡林翼在湖南、湖北起兵，成为平定江南的中坚力量，即使这样，朝廷仍然任命正白旗的官文大臣，以大学士的头衔当钦差大臣。在当时的情况，朝廷虽然不得不依靠重用着汉族人，然而怎么能一下子就对汉人推心置腹呢？曾国藩、胡林翼费尽心思取悦朝廷派来的官文，每当有军事上的事情上奏朝廷时，一定会让他领头签署。遇到论功行赏的事情，或者向朝廷上报胜利的消息，也一定要等到官文过目后才发出去，这种形式上的谦虚虽然值得敬佩，他们的良苦用心也是很可怜的。试着去读一读《曾文正集》，自从太平军攻克南京后，曾国藩就战战兢兢，好像有芒刺扎在背上一般坐立不安。就算是曾国藩这样学识渊博、修养深刻的人都是这种感觉，更何况是李鸿章这个自信力还不如曾国藩的人呢。所以我才说，李鸿章所处的地位，是和诸汉的霍光、曹操，明代的张居正，和与他时代相近的欧洲、美洲、日本等所谓的立宪君主国家的大臣们，有着迥然不同的地方，是当时的形势导致的。

姑且可以谈论李鸿章的地位，但是更需要或者说是不能不明白的是中国的官僚制度。李鸿章曾经担任过的职务，有大学士，北洋大臣，总理衙门大臣，商务大臣，江苏巡抚，湖广、两江、两广以及直隶总督。从表面上来看，李鸿章可以称得上是位极人臣了。然而，清朝自从雍正皇帝以来，政府的实权都掌握在军机大臣手中（虽然自从同治皇帝以后，地方总督巡抚的权力越来越大，但是这种情况也不是绝对的，而是因人而异的，不是所有的都一样）。

所以一国政治上的功劳和过错，军机大臣应当负其中责任的一大半。虽然李鸿章当总督巡抚时候和寻常的总督巡抚不太相同，至于列举近四十年的政治失误，都归罪于李鸿章一个人，那么，对李鸿章肯定也有不公平的地方。试着列举同治中兴以来的有实力的军机大臣如下：

第一	文祥、沈桂芬时代	同治初年
第二	李鸿藻、翁同龢时代	同治末年及光绪初年
第三	孙毓汶、徐用仪时代	光绪十年至光绪廿一年
第四	李鸿藻、翁同龢时代	光绪廿一年至光绪廿四年
第五	刚毅、荣禄时代	光绪廿四年至今

说明：就这个表，也可以看出满汉权力削弱和增长的一些情况。在太平天国和捻军起义之前，汉族人没有真正执政的，文祥大学士提拔沈桂芬，实际上是汉人执掌政权的开

端。他们后边是李鸿藻、翁同龢，接着是孙毓仪和徐用仪两个尚书，他们这些人的实际能力且不谈论，重要的是，同治以后，不仅仅是地方大臣中汉族人占了一大半，即使在中央核心部门，汉族的实力也骤然增加了。自从戊戌八月之后，形势又是一次很大的变化。这其中的内幕，说来话长，因为跟本书的内容主旨关系也不大，所以在这里就不详细讨论了。

由此来看，这数十年来和李鸿章一起共事的都是些什么人，就可以知道了。这些人是不是贤德的人，是不是满腹才学，在这里我们暂且先不细细讨论，最关键的，他们都不是和李鸿章同样的心思、同样的努力、同样的见识、同样的信仰、遵循同一个主义的人。李鸿章当时对比斯麦说的话是有根据的吗？他的话是有根据的！又何况那些军机大臣里还有一些只会盲目听从信奉朝廷旨意的，唯唯诺诺，这是我为李鸿章感到悲伤的原因。我在这里说的这些话，并不是有意偏袒李鸿章，或者说是为李鸿章开脱，即使李鸿章果真是有实权的，能够尽情实行自己的志向和政策，我敢断言他可以取得的成就也绝对不会远远超过今天的成就。这是为什么呢？因为李鸿章本来就是没什么学问和才识的人。假如李鸿章是一个真正的英雄豪杰，那么凭借着他在朝廷中本来有的地位，怎么会无法继续获取更好的官位，在天下广泛根植自己的势力，通过这些方式来期望在天下施行他的政策呢？像格兰斯顿、比斯麦，他们这些人在施行自己的政策的时候难道前方就没有阻力吗？所以想为李鸿章当辩护的人也很困难。虽然是这样，如果把中国施行政治的错误全都归罪于李鸿章一个人，李鸿章本人虽然没有什么可值得同情的，但那些掌管政治、贻误国家发展的朝中的内阁大臣，反倒是有了可以推诿的理由，用这些话来辩驳他人，来逃脱自己的罪责，而我们全国上下，四万万的百姓中放弃国民该承担的责任的人，也不会再知道自己的罪责在哪里。正是因为我看到李鸿章在国家中处于这样的境地，所以不得不来为他反复辩论。至于他的功劳和罪过，以及这个人的人品和才干到底是怎样的，敬请读者翻阅本书后面对他的谈论。

第三章　李鸿章从政以前及当时中国之形势

- 李鸿章的家世
- 欧洲势力的东扩
- 中国发生的内乱
- 李鸿章和曾国藩的关系

李鸿章，字渐甫，号少荃，安徽庐州合肥县人。父亲名叫李进文，母亲姓沈，他们一共生了四个儿子，李瀚章做官做到两广总督，李鹤章、李昭庆都投身军旅并且在军队立下战功。李鸿章在家中排行老二，出生于道光三年癸未（西方算法是一千八百二十三年）正月初五。李鸿章自幼在普通的私塾接受教育和学习，学习科举应试文章，在他二十五岁的时候，考中了进士，进入了翰林院，当时正值道光二十七年，丁未。

李鸿章出生的那一年，正好赶上法国大革命的风波和浪潮刚被平息的时候，绝世英雄拿破仑落荒而逃，被流放后死在了一个与世隔绝的异国孤岛上。西欧大陆上发生的波澜，既然已经被平息，欧洲各个国家没有再想着要互相侵略和掠夺，而是专门治理本国事务，养精蓄锐，将战略目光瞄准东方，希望可以在东方大肆掠夺。于是封闭了长达数千年之久的统一国家——中国，逐渐发生了好多麻烦。与俄罗斯在北部签订的伊犁条约，被俄罗斯人单方面撕毁；鸦片战争，在南方遭到英国人的挑衅。当时真称得上是多事之秋，正是全国上下需要用人才的时候。再加上瓦特新发明了蒸汽机，大型的轮船舰艇可以远洋航行，冲过惊涛骇浪，拉近世界的距离，即便是远隔天涯也像是邻居一样近；苏伊士运河终于开凿成功，一下子拉近了东西方的距离，西方势力越来越强大，东方大国越来越衰败，西方势力逐渐侵入东方，席卷之势如万马奔腾、大海澎湃，像是飓风，像是狂怒的浪潮，啃噬着海岸，击打着悬崖，黯淡了日光，侵蚀了月亮，怎么阻止也阻止不住，怎么抵抗也抵抗不了。因此自从李鸿章出生以来，实在是中国打开国门、和世界开始产生联系的时代，也是中国和这个世界交涉得最艰难的时代。

回过头看国家内部的实际情况，自从乾隆皇帝以后，表现出盛极而衰的趋势，百姓民不聊生，民力凋敝，官吏骄纵蛮横，国内每天都发生很多麻烦事。乾隆六十年（一七九五年）的时候，湖南、贵州一带苗民发动乾嘉大起义；嘉庆元年的时候，白莲教兴起，迅速蔓延到五个省份，前后九年，（嘉庆九年）为平定此次叛乱共耗费军队费用高达两亿两白银，花这么多钱才仅仅是刚刚控制住形势而已。与此同时海上大盗蔡牵等人，把贼窝安在越南，时常侵略和骚扰广西、广东、福建、浙江等地方，十分放肆地蹂躏百姓，等到了嘉庆十五年（一八一〇年），才能够铲除他们。紧接着天理教的李文成、林清等又迅速兴起，扰乱山东、直隶一带；陕西也有万行五变乱的警报。在道光年间又发生了回疆张格尔的叛乱，边境受到了很大的扰动，官兵军队出兵用力出征讨伐，持续了整整七年才平定。这样看来嘉庆、道光年间，国家实力凋敝，民心极其不稳，但是全朝廷上下都是些醉生梦死的人，文武百官还都在贪图安逸享乐，对下层的水旱灾害等都不予理睬，整天歌舞升平，唯唯诺诺，维持着表面的一团和气。有识之士都在担忧着国家。

中国数千年的历史，实际上就是一部流血的历史。那些所谓的人才，也是杀了别人后才有的今天。纵观古往今来的那些大事，只有乱世才会产生英雄，安定和平的世道是没有英雄出现的。事情发展趋势就是这样。到了道光至咸丰末年的时候，那些被认为、被称作英雄的人，都是磨刀霍霍，等待时机，盼望着改朝换代的人。自中国这个国家被建立以来，没有中国人民参与国家朝政的范例，百姓就是被官员欺凌压迫的一种存在，官员们霸占着政治，肆意妄为，百姓却没有申诉的途径，百姓用来反抗的方式只有两种，往小了说是罢市，不做生意了，往大了说就是作乱起义了，这是被逼的没办法了在事实面前采取的无奈之举。因此人们将改朝换代，更姓受天命看作平常事；失败的人就落草为寇，成功的人就可以称王称霸。汉高祖、明太祖，二人做皇帝之前都出身于市井无赖，今天我们眼中的盗贼，可能就是明天的神人、圣人，只有厉害的强大的人才会永远被人尊崇，其他的什么都不重要，这样的想法深入人心、根深蒂固后，因为所有人心里都存留着这样的想法，所以历朝历代民间揭竿而起，起义的事情在史书上常常会看到。这中间国家安定团结的数十年里，也只不过是经过上次的祸乱和屠杀之后，人们心里十分厌烦，又正好赶上人口不多，谋生变得容易了一些；或者是君主、宰相管理百姓确实是有自己的一套办法，拿一些小恩小惠来收买人心，获得民望，靠着做一些小事情来缝缝补补，只是图得国家一时的安定罢了。实际上，国家内部的深层隐患从来都没有消除过，没有斩草除根，稍微一不留神，看见一点儿缝隙，就立即重新猖狂起来，所以中国数千年来流传下来的历史，实际上是以血流充斥、用肝脑点缀的历史。说这些话也没有什么好隐讳的。清朝自关外兴起，进入中原当上主人，我们的国民在自尊自大的态度和蔑视其他民族的心理作用下，当然心里不能舒服，所以当明朝灭亡之后，他们幸存的子民们就立即秘密结社，构建党会组织，以此希望能够光复汉人的王朝，二百多年来都没有剿灭干净，分散分布在全国十八个行省里，哪个地方都有。在之前虽然屡次有一些煽动造反，可是因为有英明的统治者相继出现，所以没有一个最终能够成功的，郁结积累得久了，最后一定会爆发的。等到了道光、咸丰两代之后，朝中为官者们都十分平庸、低劣，不值得畏惧，官员的问题已经是所有人都清楚的事情。国家政治里的错误叠加堆积起来，国家的一些耻辱纷纷席卷而来，怀有爱国热情的人想要一扫污浊之气来建立新的环境和社会，狡黠的人想要趁机得到一些利益，心怀非分之想，这就是我们俗话所说的“形势使然”。后来的一代英雄洪秀全、杨秀清、李秀成，他们的事情就都趁机发生了；于是一代英雄曾国藩、左宗棠、李鸿章等人，他们也都趁机崛起了。

李鸿章一开始是靠着地方向国子监贡入学生才得以进入京城的，因为自身的文学素养被曾国藩看中，所以李鸿章就拜了曾国藩为老师，二人朝夕相处，曾国藩讲授，李鸿章学习言辞、文章的含义和观点，还有治理国事的学问，他一生都得益于这段时间的学习。等到李鸿章进入了翰林院，还不到三年，就赶上了洪秀全的太平天国金田起义。洪秀全身为一介匹夫揭竿而起，开始在广西起义，仅仅用了两年多，就攻打和占领了全国的一半，中国东南的一些有名的城市，一个接着一个地沦陷，这个国家的统治眼看着就要土崩瓦解了，君主的统治岌岌可危，惶惶不可终日。当时李鸿章刚好在他的安徽老家，辅助安徽巡抚福济和工部侍郎吕贤基处理军事问题。那时候庐州已经沦陷了，敌人分布占据附近城市，敌人这种分布可以非常容易地互相援助配合，夹击他们。福济想要直接收复庐州，却没有成功，李鸿章就提出建议说，先攻占下含山、巢县来，这样就可以断了敌人的支援，福济听完后，立即派遣兵将，于是顺利地攻占了这两个县城。经过这件事后，李鸿章通晓用兵之道的名声开始叫响，被别人知道，当时是咸丰四年（一八五四年）的十二月。

当洪秀全攻陷武昌的时候，此时正担任礼部侍郎的曾国藩还在家乡守孝，接到朝中圣旨负责军队团练，曾国藩慷慨激昂，以团练精兵、解救国难作为自己的任务，所以就有了湘军的诞生。湘军这支军队，算是淮军的母体。那时候无论是八旗，还是绿营的官兵，都非常懒散，举止散漫，士气低迷，胆小怯懦，且人员冗杂，没有什么可用的人才；那些旗营的将领大多都昏庸顽劣，而且完全没有能力，不明事理，不能尽自己的职责。曾国藩深刻观察大局，经过详细调查，深知如果组织内不进行大清扫，另外换一套人马，那么施行什么政策也不会奏效，所以决定招揽人才。其统筹全局，意志坚韧，努力刻苦，百折不挠。反攻太平天国，恢复国家安定的转机，实际是从这里开始的。

洪秀全既然已经占据了南京，于是骄奢的心情日益生出，随后开始出现太平天国内部自相残杀的局面，腐败到了极点。假如当时官军有得力的人才，通过军队硬实力攻打他们，那么成功平定太平天国也只是一瞬间的事情。无奈官府的军队骄奢淫逸，以及腐败程度，比敌人更胜一筹。咸丰六年（一八五六年），向荣在南京大营遭到一次失败；咸丰十年（一八六〇年），和春、张国梁在南京大营再次被击溃，紧接着江浙沦陷，敌人的气焰比咸丰初年的时候更加嚣张。再加上咸丰七年（一八五七年）丁未年以来，和英国军队开战，张国梁、和春在战场上死亡的那个时刻，就是英法联军攻入北京火烧圆明园的那天。天灾人祸交叉着一个接一个地发生，对清军步步紧逼，到了这个时候传了十代的大清宗庙已经命悬一线了，局势十分危急。

曾国藩虽然治理军队长达十年之久，然而他所平定的仅仅是长江上游一带，这固然和曾国藩老谋深算，做事情非常慎重，不追求急功近利，踏踏实实，一步一步不断进取有关；也和朝廷方面不委任专人，做事情无实权，以致曾国藩不能全部施行自己的志向有关。所以当湘军转战湖南、湖北、江苏、安徽等省份的时候，途中因为地方掌权的大官们阻挠他们办事而贻误战机的情况，不止一个而是很多，无法列举齐全，所以军队在那里待了很久都没有什么成就。等到南京大营打仗又失败的时候，朝廷终于知道了除了湘军没有什么可以依靠的。咸丰十年（一八六〇年）四月，朝廷先是派曾国藩担任名义上的两江总督，很快又授予他实权，并且命他为钦差大臣，监督办理江南的军务。从这时开始，曾国藩才终于将兵权、财权归到了一起行使，得以与左宗棠、李鸿章诸位贤才一起合作来设法处理苏州、安徽、浙江一带的问题，大的局势才开始有了转机。

李鸿章曾经在安徽巡抚福济手下做幕僚，福济曾经疏通门路推荐他当道员，但是郑魁士从中阻挠，所以最后也没有当成。当时谣言纷纷，诽谤他的话经常传出来，李鸿章几乎不能在老家立足，后来虽然被授予福建延邵建遗的道员这个缺位，但是只是获得了一个虚名，没有实职。等到了咸丰八年（一八五八年），曾国藩把他的军队移到建昌，李鸿章来拜见，曾国藩就把他留了下来。咸丰九年（一八五九年）五月，曾国藩派遣在抚州的湘军，有老兵四个营，新招募了五个营，让自己的弟弟曾国荃统领他们，赶赴江西景德镇帮助剿匪，并且让李鸿章作为参谋一同前往。江西的太平军全部处理清了后，李鸿章又跟着曾国藩在指挥部待了两年多。咸丰十年（一八六〇年），曾国藩担任两江总督，商议振兴淮阳的水师，向上面请求让李鸿章补上江北司道的位置，未获得批准。后来又推荐他当两淮盐运使，奏折刚刚被送到北京，恰好赶上咸丰皇帝向北逃到承德，事情就这样被搁置了下来。那时候李鸿章年纪为三十八岁，怀才不遇，学人家刘备拍着大腿叹息每天都在浪费时间、蹉跎时光，人生都已经过去了一半，自己认为自己命运不好，就不好意思再谈论为官怎样了。唉！这是老天给了李鸿章不好的磨难吗？抑或是老天给李鸿章的恩赐吗？让他过上不顺的生活，颠沛流离了十多年，所以才能够磨炼他的气度，让他的思想更加成熟、老练，等到他时之日，他可以担当大任；而且在跟随着曾国藩军队的数年里，又算得上是对李鸿章帮助最大的实验学校，学到的很多东西对于李鸿章来说，都终身受用。

第四章　兵家之李鸿章（上）

- 李鸿章的崛起和淮军的成立
- 当时官军的弱小和军饷来源的枯竭
- 江浙两省得与失之间的关系
- 常胜军的兴起
- 李鸿章和李秀成
- 淮军平吴的功劳
- 江苏军队与南京军队、浙江军队的关系
- 南京的武力收复

秦朝末年的战乱，天下都受到纷乱的侵扰，起事的英雄豪杰不断涌现出来，等到项羽称霸后，韩信才开始出现；东汉末年的乱世，天下都受到纷乱的侵扰，等到曹操称霸后，这时候诸葛亮才开始出现。自古以来，那些伟大人物，他们的进退还有升降，上天好像都是有意在控制着一样，一定要让他们机会成熟，像一张拉满待发的弓，没有力量可以主宰他们，又好像有力量在支配他们。谢康乐有一句话，是这样说的："诸位虽然生天在我谢灵运之前，但是成佛一定在我谢灵运之后。"在我看来，同光中兴的大臣里，他们声名和威望达到鼎盛的时间，数李鸿章的最晚，但是论成名后名望的高度、掌控权力时间的长久来说，还是李鸿章最厉害。行事的时机布满天下，时机和当时的大势才能造就英雄，李鸿章称得上是当时时代的天之骄子！

在咸丰六年末、咸丰七年初的时候，太平天国气焰的强盛达到了顶峰，但是朝廷官军越发衰败，朝廷对战事进行的谋划经常动摇，各个大帅、将领之间互相猜忌，再加上军需用品缺乏，国库空虚，财政拮据，户部束手无策，只能依靠各个省份自己筹措军饷，这一点儿那一点儿，东拼西凑，拆东墙补西墙，来挽救当时的紧急情况。在这种情况下，即使有非常忠诚、雄才大略的人，他也不能急着做出什么功绩来，这道理不就明摆着呢吗？于是，有人想出了一个不到万不得已绝对不会采用的办法，就是让欧美雇佣军来帮助围剿太平天国。

先是洪秀全、杨秀清已经占领了南京，派兵四处践踏蹂躏掠夺，十八个行省没有一寸土地是没有被糟蹋过的，经历了十年之久，朝廷也没有做到用武力平定他们。北京政府的无能与乏力，既然已经暴露给天下人看了，所以英国领事，还有在上海的英国富商们，也不把洪秀全看作乱臣贼子，甚至把他们看成和欧洲列国倡导民权的革命党是同一件事情，用文明交友的礼仪对待他们，这中间有的时候还供给他们武器、弹药和粮食。后来洪秀全变得骄奢淫逸，太平天国内部也互相残杀，内政治理荒废松弛，一天比一天严重。欧美的有识之士看到他们这样的举动，这才知道所谓的天平天国，所谓的四海之内皆兄弟，所谓的平和还有博爱，所谓的平等自由，都只不过是披露在外面的虚假的东西，至于其中的真相，实际上和中国古代历朝历代的流氓盗贼没什么两样，因此断定他们不可能成就什么大业。于是英国、法国、美国等国家，都一致地改变了自己的方针，都想要借给北京政府兵力，来帮助它平定战乱。正式用这种意图来请示中国政府，已经是咸丰十年（一八六〇年）的事情了。但是俄罗斯也想要派遣海军小舰队，运载若干士兵，逆长江而上，来帮助清政府围剿起义军，俄罗斯的使节伊格那亲自出面拜见恭亲王来讲述他的意图。

说明：欧美各邦那时候刚和中国通商，它们一定不希望中国老是处于一种战乱状态。所以当两支军队相持不下、好多年都分不出胜负的时候，它们一定希望出手给予一方一些帮助来迅速安定局面。而当时北京政府的腐败，长久以来已经被西方人厌烦了，他们肯定是对太平天国寄予厚望，这样的行为也属于人之常情。那时候的欧美各个国家帮助哪一方，哪一方肯定就会获得胜利。胜利的机会转瞬即逝，情势危急到了极点。假使洪秀全果真有雄才大略，具备远见卓识，内部治理朝政，外部非常懂得和别人交涉，迅速地和列国通商并签订条约，趁机借着它们的力量来平定中原，那么天下之后会发生什么事就不知道了。这小子不明白这个道理，自己内部先开始腐败，在外交上也出现了失误，树立了新的敌人，最终被消灭掉，这不也是应该的嘛。而李文忠等人的功名，也是建立在这样的基础上的。

当时英法联军刚刚攻破北京，咸丰皇帝在遥远的热河。虽然已经确定谈判定下和约，但是猜忌的心依旧存在。所以恭亲王关于借军队帮助围剿太平军的想法，不敢自己决定，他一面请示文宗，一面咨询诸位江南、江北的钦差大臣，有曾国藩、袁甲三（他是袁世凯的父亲），还有江苏巡抚薛焕、浙江巡抚王有龄等人，让他们具体说出他们的意见。当时极力反对他这个主意，说这是有百害而无一利的，只有江北的钦差大臣袁甲三。江苏巡抚薛焕虽然不认为这样可以，还是建议雇用印度兵，让他们防卫上海还有上海附近地区，并且请求任命美国的将军华尔、白齐文担任队长。曾国藩同样来上奏，他的意思也和薛焕的大致相同，说这时候正是中国衰败腐朽达到极点的时候，最好不要拒绝外国友人的好意。所以应当用温和的语言先回应他们帮助围剿的热烈的心情，再推迟他们出兵来这里会合的日期，另一方面利用外国将领和士兵，从而收到围剿敌军的实际效果。于是朝廷依照建议的内容，谢绝各国派兵帮助围剿的事情，然后命令曾国藩聘请洋人按照西方的方式来训练新兵，这实际是常胜军开始形成的起点，而李鸿章取得功勋和名声，开始发家，跟这件事也有很大的关系。

华尔，是美国纽约人，在他自己国家的陆军学校完成学业，后来做了将军，因为犯了一点儿小罪过离开了本国，一直藏匿在上海。当咸丰十年（一八六〇年）的时候，洪秀全的军队践踏蹂躏折磨江苏，苏州、常州都沦陷了。上海候补道杨坊，知道华尔沉静、刚毅，又有才学，便把他推荐给布政使吴煦。于是吴煦才去请示美国领事，请求赦免他以前犯下的罪行。让他招募了欧美愿意当兵的差不多几十个人，并交给他数百个招募来的中国志愿者，让他训练他们如何防守和保护苏州及上海。后来这支军队屡次和敌人战斗，常常都能够以少胜多，战无不胜，没有输过，非常厉害，所以官府的军队，还有敌人的军队，都称这支军队是“常胜军”。常胜军的建立，实际上是李鸿章还没有到上海之前发生的事情。

在开始叙述李鸿章的战绩之前，请允许我先说李鸿章立下功劳的地方当时的情形和局势。

江苏、浙江两个省份，是支撑中国的财富，还有赋税的中坚力量，可以说没有江苏、浙江两省的钱，国家基本上就要崩溃了。所以说争抢官兵最好的地方，哪里也不如武汉，争抢军饷最好的地方，哪里也不如苏州和杭州，稍微明白一些用兵之道的人就能知道这些道理。洪秀全因为最近各地的军队的声势非常旺盛，不再是之前他们所蔑视看不起的那样了，而且安庆刚刚被武力攻打收复（咸丰十一年辛酉八月曾国荃依靠武力收复），南京周边的实力越来越单薄，所以才派遣他手下的将帅李秀成、李世贤等人，兵分几路扰乱江苏、浙江两地，通过这样来牵制官府军队的兵力。李秀成的军队进展非常顺利，萧山、绍兴、宁波、诸暨、杭州都被他接连攻陷，浙江巡抚王有龄也战死在他的手中，江苏的城市也几乎被李秀成的军队全部攻陷，死尸遍地，逃避战乱的人群都聚集到了上海。

安庆被武力收复以后，湘军的声望一天比一天高。以前那些和曾国藩意见不合的中央或地方的高官，都被处死或者罢官，也因此出征和围剿太平天国的重要任务，都集中到了曾国藩一个人的身上。朝廷屡次下诏催促曾国藩把军队转移到东边，收复苏州、常州、杭州这些已经沦陷的郡县，五天之内，下了四道口气严厉的圣旨。曾国藩已经上奏朝廷推荐左宗棠专门办理浙江的军务，江苏的绅士钱鼎铭等人又在十月乘坐轮船沿着长江逆流赶赴安庆，专门去拜见曾国藩，哀求他派遣官兵前往江苏增援，说他们那里淞沪一带会让敌人有可乘之机，而且和平稳定不能持久下去。说这些话有三个原因：有当地的团练，有枪支和轮船，还有埋伏下来的内应。此外还有仍然归属于朝廷但是不能守住的三个城市：有镇江，有湖州，还有上海。曾国藩看到这些情况后深深地感到悲痛，心生怜悯。当时湘军钱财紧缺，兵员力量单薄，左宗棠的楚军也不能分兵支援，所以曾国藩才和李鸿章商量，期望明年二月份可以出兵援助江苏。

咸丰十一年十一月，有圣旨向曾国藩询问关于援助江苏的部队的将帅人选，曾国藩拿出李鸿章来应答；并且向朝廷申请调派数千部队，让他们尽快赶赴下游，去援助围剿敌军。于是李鸿章回到庐州，去招募淮军的英勇之士。等到把他们带到安庆后，曾国藩为军营制定必须遵守的纪律，军队器械的用法，军饷还有粮食的数量，这些一律全都模仿湘军队伍里的规章制度，但也参照楚军军营里的方法来训练他们。先是淮南的百姓不断被太平军、捻军骚扰、践踏和蹂躏，百姓民不聊生、生活困难，只有合肥县的仁人志士张树声、张树珊两兄弟，周盛波、周盛传两兄弟，以及潘鼎新、刘铭传等人，自从咸丰初年，他们就开始组织团练习武，从而能够保卫乡里不受侵害，还修筑堡垒来防止流寇骚扰，所以安徽全省都被践踏得体无完肤，只有合肥县自己保护得很完整。等到李鸿章开始招募淮军的时候，他将这些旧的团练武装组织起来加以严格地训练，二张、二周、潘、刘都跟着他。淮人有个叫程学启的，以前是在曾国荃那里当部下，这个人本来是太平天国英王陈玉成部下的一员猛将，后来投降了湘军，一直做官做到了参将，不管是论智慧还是论勇敢都是数一数二的，曾国藩特意挑选他，让他跟着李鸿章，后来他凭借着骁勇善战，名声大噪，称得上是名冠一时。淮军刚刚组建好的时候，曾国藩拨出部分湘军的军营当作附加的援助，然后特意从湘军的将领中选择一员优秀的大将统领他们，听从李鸿章的指挥，这个人就是郭松林了。因此淮军的著名将领，唯有程、郭、刘、潘、二张、二周。

同治元年（一八六二年）的二月份，淮军组建完毕，一共八千来人，打算顺着长江一路往下，从太平军的要塞边冲过，去援助镇江，这个方法还没有最终决定。二月二十八日，上海的官僚绅士筹集了十八万两银子，雇了七艘大轮船，行驶赶赴到安庆来迎接淮军，定好分三回把他们都拉到上海去。三月三十日，李鸿章的军队全都到达了上海，他接到圣旨，暂时代理江苏巡抚这一职务，并让薛焕当通商大臣，专门办理和别人交涉的事情（薛焕，原来是江苏巡抚）。

那时候常胜军的制度管理等还没有完全制定好。华尔作为一个外籍的将领，他监督管理着五百人的军队，驻守着松江。同治元年的正月，敌兵一万多人来侵犯松江，把华尔部队围了几十圈之多，华尔奋力战斗击退了他们。等到李鸿章抵达上海的时候，华尔所在的部队被划归李鸿章指挥，又新招募了一些中国的壮士勇者，李鸿章命令华尔对他们加以训练。这些士兵的军饷和粮食，比那些湘军、淮军的每支军队都要多。

从此之后，常胜军终于成为一支得力的武装队伍。

松江府所在的位置在江苏、浙江的边上，是提督级别的武官们驻守的地方，还是江苏的交通要道，因此太平军攻打这里十分猛烈。李鸿章命令常胜军和英法的消防兵集合到一起（当时英法有部分消防兵，专门聚集在上海来保护自己的租界），攻打松江南边的金山卫和奉贤县[1]；淮军的程学启、刘铭传、郭松林、潘鼎新，这些将帅攻打松江东南的南汇县。太平军拼死奋力攻打，英法的军队敌不过就撤退了，导致嘉定县[2]又沦陷了。太平军想要趁着胜利的余威进攻上海，程学启在太平军行进途中出兵迎战，击败了他们，南汇的太平军将领吴建瀛、刘玉林等人打开城门来投降。川沙厅（在吴淞口的南边）有上万名太平军来侵袭，刘铭传死死防守着南汇，终于击败了他们，顺便又收回了川沙厅。然而尽管是这样，太平军的主力依旧强劲雄壮、威武不屈，一部分部队围攻松江青浦，一部分部队潜伏在广福塘桥，聚集在四滨，偷偷观察着新桥。当年五月，程学启带着一支军队驻守在新桥，强大的太平军冲过来，程学启的军队接连好几天都被太平军围攻，当时情况十分紧急。李鸿章知道情况后，亲自带着军队过去增援，和太平军的部队在徐家汇相遇，李鸿章奋力拼搏，殊死搏斗。程学启在自己的军营中看见了李鸿章的帅旗，全都离开营地和自己的部队一起夹击敌人，获得胜利，杀死了太平军三千多人，俘获四百多人，投降的有一千多人。围聚在松江府郊区的太平军，听到这个事情后，都被震惊了，急忙集合队伍向北撤退，这才为新桥解了围，上海的紧急戒备解除，防御情形得到了好转。

淮军刚到上海的时候，西方的洋人看他们的衣服和帽子

① 奉贤县：今为奉贤区。

② 嘉定县：今为嘉定区。

非常简陋，都偷偷地嘲笑他们。李鸿章不断地对身边的人说："一个军队优不优秀、厉不厉害，难道是因为身上穿的衣服吗？等他们那些人看到我们大张旗鼓、士气高涨的时候，自然心中会重新定论。"之后，欧美人看见淮军将领的勇敢刚毅，军队纪律的严明，没有不一改往常的态度、对他们心生敬意的；就连那些统辖之下的常胜军，也开始对李鸿章服服帖帖，听从李鸿章发号施令。

当时曾国藩已经接受了独自围剿太平天国的重大任务，任务艰巨，责任也很明确，没有什么人可以分担的，也没有什么阻挡牵绊他们。于是他就命令李鸿章负责肃清江苏南部，左宗棠负责肃清浙江，曾国荃负责肃清南京。南京这个地方，是太平天国的根据地，而南京和江苏、浙江两个省份相互庇护，才形成了巨大的势力。所以如果不能把江苏的太平军都扫除完，是不能围困住南京的；如果不能成功进攻、围剿敌人的老窝南京，那么江苏也不能全部收复。当淮军前往上海的时候，曾国荃和杨载福（后改名为岳斌）、彭玉麟等人，谋划从水路和陆路协助前进，攻破长江南北两岸太平军的壁垒。四月的时候，曾国荃从太平府沿着长江顺流而下，攻下金柱关，抢夺东梁山的营寨，又进攻收复了秣陵关、三汊河、江心洲、蒲包洲等军事要塞。五月的时候，他就进入南京城外的雨花台屯兵驻扎。这实际上得力于李鸿章解除了松江的围攻。所以谈论这场战役的战绩，大家当然就可以知道，湘军之所以能收复南京，歼灭厉害的敌人，并不是曾国荃一个人的功劳，实际上是靠李鸿章他们消灭了太平军外围势力，使得太平天国的钱财和物资、兵力形成一种孤立的形势，使太平天国的主力不能不坐以待毙。淮军之所以能够平定苏南地区的敌人，也并不是李鸿章一个人的功劳，实际上是通过曾国荃等人率兵端了敌方的老窝，让他们的将领和士兵们心生忧虑，军心动摇，战斗力下降。苏东坡有句诗，是这样说的："江山如画，一时多少豪杰。"同治元年、二年之间的时候，中国的景象就是这个样子。

李秀成这个人，是李鸿章的强劲的敌人，是敌人的将帅中后期成长起来的最优秀的将领。洪秀全刚起义的时候，他们党内有不少杰出的领袖，比如东王杨秀清、南王冯云山、西王萧朝贵、北王韦昌辉、翼王石达开，在当时这五个人号称"五王"。后来，冯云山、萧朝贵战死在了湖南；杨秀清、韦昌辉在南京争夺皇权，二人互相屠杀，剩下的石达开，他自己有别的远大志向，不满足于现在的位置，自己重新起家，自立门户，在湖南、江西、广西、贵州、四川这些省份横行霸道，于是五王就都没有了。咸丰四年（一八五四年）、五年的时候，是官府军队最萎靡不振的时候，但也是太平天国的势力最衰落的时候。李秀成原来只是一个小兵，地位很卑微，就算是太平天国攻占南京以后，他也只不过是杨秀清部队里面的一个侍卫。但是他非常聪明，有智慧，人又机灵，擅长谋划和战略部署，有胆有识，气度非凡，所以洪秀全统治后期，仍能够利用残留下的一点儿兵力制造动乱，让官兵落荒而逃，太平天国持续了六七年才被平定，这些都是李秀成和陈玉成两个人的功劳。陈玉成在长江中上游活动，尤其是在河南、安徽、湖南、湖北这些地方煽动；李秀成在长江下游及入海口出没，在苏州、杭州、常州、扬州这些地方制造动乱。等到陈玉成死后，洪秀全能够像靠着柱子一样倚重的，就只剩了李秀成一个人了。李秀成的智慧和勇气都超过常人，而且为人十分有度量，对自己的部下也十分关爱，能得到士兵的忠心，所以安庆那个地方虽然用武力收复成功了，但是长江下游的形势更加不乐观。自从曾家兄弟合作围剿雨花台后，江苏，还有南京等地方的战争仍然持续着，李鸿章，还有曾国荃费尽心思，尽心尽力攻打，付出超乎寻常的代价，才换来了战争胜利的荣誉，这些也都是李秀成造成的。所以要是谈论李鸿章这个人，就不能不知道李秀成。

自从南汇这一战役之后，李鸿章的根基渐渐牢固，所以想要和在南京的官军商量一下对策，如何牵制敌军的势力，然后选定一个恰当的进攻敌人的方向。那时候是七月，李鸿章命令程学启、郭松林等人立即攻打青浦县城，攻占了那里；并且让另外一支部队乘坐汽船，渡海去攻打浙江绍兴的余姚县[①]，也攻占了那里。八月的时候，李秀成命令谭绍洸带着十万多名士兵进攻北新泾（江苏的一个地方，离上海很

① 余姚县：今为余姚市。

近，只有几里地）。刘铭传在太平军行进途中加以攻击，英勇搏斗，打败了他们，敌人于是退了回来，想要保住苏州。

还是那个月，淮军和常胜军一起进入浙江，攻打慈溪县[①]，收复了那里。就是那场战争，常胜军的统帅华尔浴血奋战，身先士卒，胸部中了好多枪后逝世，他死以后遵照他的遗言，用中国的衣服为他入殓，美国人白齐文代替他继续指挥常胜军。

这一年，夏秋换季的时候，江南流行起了传染病，死了好多官兵。李秀成趁这个机会想要解除他们对南京的围困，所以就在闰八月的时候，带领苏州、常州的十多万精兵奔赴南京，包围曾国荃的大本营，调集十门西洋的开花大炮，使劲轰炸，攻击他们，十五个日日夜夜都不停歇，政府官军殊死搏斗，气势一点儿也没有削减。到了九月份，李秀成又派李世贤从浙江率领十几万士兵和他们一起围困南京，攻击越来越猛烈。曾国藩听到这个消息后，非常担忧那里，急忙调集其他地方的兵力前来援助。然而当时浙江还有长江以北好多将领都有各自的任务，最后还是没有能够前去支援。这一战役，是两军开战以来，从来没有过的最激烈的战斗。当时敌人的军队有二十来万人，政府官军被重重包围，困在里面的有三万多人，而且其中病死的、战死的，还有身上负伤的，数目都已经超过了总人数的一半。但是曾国荃依旧和

① 慈溪县：今为慈溪市。

将士们同甘共苦，一起面对困难，关系像父亲和儿子一样团结，所以军队里的官兵们都愿意为他效命，觉得就算战死也值得，所以才能抵抗住人数超过他们十倍的凶残的敌人，取得战争最后的胜利。李秀成攻击没有成功，又因为江苏的政府官兵的士气一天比一天高涨，恐怕失去江苏这块地盘，到时候南京也不能保全了，十月，他带领士兵们撤退，雨花台的围困这才解除了。

说明：自从这场战役之后，洪秀全的大势已去。把士兵囤聚在牢不可破的城池里，这是兵家很大的忌讳。向荣、和春两次都是因为这样才失败的，所以曾国藩牢牢记住了这点，非常谨慎地对待。曾国荃开始想在雨花台聚集兵力的时候，曾国藩就好几次不让。等到了这次战役，外面被多达十倍的强悍对手包围，里面有一群穷凶极恶的末路之人，政府官军遇到的危难，没有比这次更危险的了。但是敌军明明知道政府官军势力单薄成这样，内部又遭受了很大的创伤，可是最终还是不敢直接硬闯进去，和他们决一死战，以在很短的时间内获得巨大的成功，所以到最后功亏一篑，只能撤兵离开，因此才造成自己进退两难，失去了根据地，最终就跟着灭亡了，这是什么原因？原来，当时敌人军队的将领非常富贵，生活骄奢淫逸，特别爱惜自己的生命，所以才会出现那样的结果。太平天国的迅速衰败也是当时政府官兵们没有料到的。曾国藩说：“凡是军队最害怕意志衰退，不求进取。当道光、咸丰两朝之交的时候，政府军队里的官兵们都是意志衰退、不求进取，而敌人的军队都是非常有活力的；等到了同治初年，敌人军队都是意志衰退、不求进取，而政府军队都是非常有活力的。得到还是失去，成功还是失败，关键原因就是这些。”仔细想想这些话吧！就是李秀成这样的贤能人才，都违背不了这种规律，况且洪秀全那样的人就像是坟墓里的一具骷髅，更不值得说了。正是别人所说的："灭六国者六国也，非秦也；族秦者秦也，非天下也。”这样的前车之鉴并不遥远，立志夺取天下的人应该拿来警告自己。洪秀全本来就是一个市井的混混，在那个时间崛起，不出一年，就掠夺了一半的天下，没有趁着当时的士气继续扩张，通过战争争取江山大业，称霸天下，而是选择在南京苟且偷生，把南京看作自己贪图享乐的安乐窝，盖那些深宅大院，简直连陈胜那种人都不如！自己死守着一座城，等待着别人来围剿攻击。所以向荣、和春的失败，不是洪秀全自己有什么克敌制胜的招数，只是他所遇到的敌人也是那样，和他差不了多少，所以才能够接着苟活下去，延长在世的时间。唉！曾国藩和洪秀全之间的胜利和失败，是天决定的吗？是人决定的吗？君子说：是人自己决定的！

又说明：这场战役是湘军、淮军各位将领立功的关键时机。如果不是围困南京，那么就不能牵制住江西、浙江的敌军，那么李文忠的生力军，就很难迅速取得胜利；如果不是攻占了江西、浙江，那么就不能解除南京的重重包围，那么曾国荃的军队就没有办法保住了。阅读历史的人一定要对这点有清醒的认识。

李秀成去围攻南京的时候，让他的副将谭绍洸、陈炳文留守苏州。九月的时候，谭绍洸等人率领士兵十多万人，分几路从金山太仓向东行进。淮军的将领们一直防守，在三江口、四江口与他们大战，双方都有胜利的时候，也都有失败的时候。敌军又沿着运河设置军事基地，横亘数十里，在运河和支流之间架设浮桥，通过这种方式互相往来，太平军进攻黄渡，将政府官兵围困在四江口，加紧猛攻。九月二十二日，李鸿章把他的部下们部署下去，进攻敌军的大本营。敌人十分强悍，善于战斗，淮军在进攻的过程中几乎无法抵挡，刘铭传、郭松林、程学启等人首先亲自去战斗，挥舞着刀剑杀敌，士兵们看到这种情形，顿时士气大涨，击败了敌人，抓住和杀死敌人有一万多人，对四江口的围攻这才解除。

常胜军的首领华尔死后，白齐文凭借着副手的资格继承了他的职位。姓白的这小子为人和华尔完全不一样，他是一个奸诈狡黠的人。当时他看见政府官兵十分困窘，于是就偷偷地和李秀成私下串通，十月的时候，白齐文计划在松江城内当李秀成的内应，去上海威胁逼迫道台杨坊，索要巨额的军费，杨坊没有给他，后来白齐文就殴打杨坊，抢了他四万两银子离开了。听到这件事情，李鸿章非常生气，当即和英国的领事交涉，罢免了白齐文的职务，并且要他偿还掠夺的钱财，后来让英国的将领戈登代替他的位置。常胜军这才又开始听从李鸿章的指挥，当时是同治二年的二月。这实际上是李鸿章和外国人交涉的第一件事，他做决策的果断，态度强硬的外交风格，让谈论他的人都不住地夸赞。

罢免了白齐文之后，李鸿章想要杀了他，被美国的领事拦住了，于是李鸿章就放了他。后来白齐文向李秀成投降，当上了李秀成的参谋，多次为其出谋划策，但是都不是什么好主意。他还劝李秀成放弃江苏、浙江，放弃那里的农事，摧毁房屋，集中兵力向北行进，占据秦晋齐豫中原的有利地形作为根据地，以此来控制东南，说那个地方是政府官兵的水师没办法接近的，一定可以成就大事业。李秀成不听。白齐文又为太平军购买武器，劫掠轮船，得到了几门新式大炮，全部献给了李秀成。因此苏州那一仗，政府官兵死在宝带桥几百人。后来白齐文在李秀成那里说不上话，也不被重用，就又前往漳州投靠别的太平军部队，最终被郭松林抓到杀死了。

首先是曾国藩抓获了太平军的一个信使，得到了洪秀全给李秀成的手谕，上面说湖南还有江北地区现在正是兵力空虚的时候，让李秀成调派二十万部队，先攻打常熟，然后一方面攻打扬州，一方面观察皖、楚。于是曾国藩派遣李鸿章先发制人，告诉他迅速攻占太仓州来扰乱常熟，牵制住李秀成的兵力，使他不能赶赴江北。李鸿章的想法也跟曾的一样。同治二年二月，李鸿章命常熟驻守的将领死死守住那里，等待救援，并且派遣刘铭传、潘鼎新、张树珊率领部队开着轮船赶赴福山，和敌人展开了几十次战斗，都取得了胜利。另外派遣程学启、李鹤章攻打太仓、昆山县①，来吸引太平军的兵力，又命令戈登率领常胜军和淮军一起攻打福山，最终攻占了那里，常熟的危险解除了。三月，又用武力收复太仓、昆山，擒获敌军七千多人，程学启的功劳最大。自此以后，戈登更加佩服程学启了。

五月的时候，李秀成离开无锡，和五个部将一起带着水军、陆军共十几万人，想要支援江阴，占据常熟，李鸿章派遣他的弟弟李鹤章，还有刘铭传、郭松林等人分不同的道路前去抵抗敌人。刘铭传、郭松林和敌军的先锋部队相遇了，攻打敌军获得了胜利，但是敌人的气势也很旺盛，每次战斗，双方的死伤情况都差不多。当时敌军驻扎在运河的边上，向北到北漍，向南一直到张泾桥，东边从陈市开始，向西一直到长寿，占了差不多六七十里，有数百个堡垒都控制着运河险要的地方，太平军把那些桥梁都毁坏了，在运河上准备好大炮，这种水上和陆地相呼应的策略使形势相当紧张。

李鹤章和刘铭传谋划偷偷收集木材制造浮桥，半夜紧急渡过河流袭击敌人，攻破了敌人在北漍的营地一共三十二个。郭

---

① 昆山县：今为昆山市。

松林也不断进攻，和敌军战斗，攻破了敌人在南澛的三十五个营地。周盛波的部队攻破了敌人在麦市桥的二十三个营地。敌军全线崩溃，死伤数万人，尸体堆积在河里，河水都快不流动了；又擒获了敌人的首领一百多人、马五百匹、船二十艘，另外还有很多兵器、弹药和粮食。自此之后，顾山往西就再也没有太平军活动，淮军取得了非常大的胜利。六月的时候，吴江的敌人在这种情况下，也不得不投降。

程学启率领着一万多人的军队，和刘铭传秘密谋划收复苏州。先是进攻打进花泾港，降服了看守那里的将领，然后驻扎在滩亭。七月的时候，李鸿章亲自带领官兵，用武力收复太湖厅，朝着苏州进发，先让刘铭传攻打江阴。敌军里的一位骁勇的将领陈坤书，调集了湖南、湖北、山东一共四支庞大的部队十几万人一起来增援。李鸿章、刘铭传亲自来分析敌人状况和战争形势，看见他们的营垒大大小小像棋盘上的棋子一样整齐排列，往西到江滨，往东到山口，看完这些才做出部署猛烈攻打他们。敌人奋力抵抗，实力也很雄厚，双方相持不下。随后江阴城内有人发动内变，打开城门投降，江阴也被收复回来。

当时程学启驻扎在苏州的郊外，接连好多天都在打仗，前前后后一共打了几十次胜仗，敌人的壁垒在宝带桥、五龙桥、蠡口、黄埭、浒关、王瓜泾、十里亭、虎邱、观音庙共有十几处，都被攻破了。而郭松林的军队也在新塘桥获得胜利，杀了太平天国两个首领，还有上万的普通士兵，抢夺了船舶几百艘，敌人水军的兵力一下子大减，衰落下来。李秀成为此痛哭流涕，心中悲愤，不能自已。从此以后，淮军的名声威震天下。

敌人的军队遭到重挫后，李秀成发动反攻，下令让他手下的将领集合无锡、溧阳、宜兴等地的士兵八万多人、船舶一千多只，从运河口出去，而他自己率领精锐部队几千人，占据金匮，援助苏州，互相配合应敌，和政府官军接连战斗，双方都互有胜败。十月十九日，李鸿章亲自做督军，程学启、戈登率先锋部队进攻苏州城，苦苦奋战，战况十分激烈，攻破了它的外围。李秀成和谭绍洸等人撤退到城内，死守着最后这片土地，丝毫不屈服。不久，政府官军水上、陆上一起前进，合起来对苏州进行三面围攻，城中的粮食已经吃完，众人疑心重重，内心很恐慌。李秀成的副将部云官等人猜忌心非常重，产生了二心，于是私下和程学启协商，想要投降。然后程学启和戈登亲自坐着一艘小船到城北边的阳澄湖，和部云官等人当面订下了投降的约定：如果部云官能杀了李秀成和谭绍洸，就奖赏给他二品官位。由于戈登为他当担保人，所以部云官这些人没有起疑心。然而最终他还是不忍心杀害李秀成，只是斩了谭绍洸的人头后就离开了。

李秀成之前就察觉出他们在秘密谋划着什么，但是事情已经发展到这个地步了，说什么做什么也没有用了，于是他连夜就出城去了（十月二十三夜晚）。二十四日，谭绍洸因为有事，就把部云官叫到了帐篷中，部云官和猛将汪有为非常害怕，因此一见到谭绍洸，就把他杀死了，并且暗地杀了他的亲信部队一千多人，随后就打开城门投降。十月二十五日，郜云官等人献上谭绍洸的首级，请程学启进城来检验。那些投降的将领的头衔列表如下：

一、纳王郜云官	二、比王伍贵文	三、康王汪安均
四、宁王周文佳	五、天将军范起发	六、天将军张大洲
七、天将军汪环武	八、天将军汪有为	

当时这八个将领在城中手下的士兵还有十几万人，声势浩大，气势汹汹。他们要求程学启履行承诺，给他们总兵、副将等职位。程学启仔细观察这八个人的人品，觉得他们都称得上是心怀狼子野心的小人，恐怕越到后面越不好管制。于是就和李鸿章秘密谋划，在游艇上开设宴席来犒赏他们，等到作为信号的大炮声一响，埋伏的士兵就出来杀死他们，同时杀了他们手下还在负隅顽抗的余党一千多人，剩下的乌合之众全都投降了。苏州平定，李鸿章因为立了大功，皇上加封他为太子少保。

先前这八个首领投降的时候，戈登确实是担保人。等到他听说李鸿章说话不算数的时候，十分生气，想要杀了李鸿章来惩罚其所犯下的罪过。他自己就带着短枪寻找李鸿章，李鸿章就一直躲避他，不敢回军营。过了几天，戈登心中的愤怒逐渐消除了，这件事情才算过去了。

说明：李鸿章在这件事情上确实有应该惭愧的地方。因为杀害投降的人不是一个君子应该做的事情，更何况是投降之前有约定，甚至还有担保人。他的这个做法有三处不对的地方：杀害已经投降的人违背公理；不遵守约定，说话不算数，是第二个不妥的地方；欺骗戈登，辜负朋友，是第三个做得不对的地方。戈登对于他这样的行为恨得咬牙切齿，非常痛恨，甚至想要拿刀捅进他的肚子里才能解恨。这样做难道不是很合理的吗？虽然他考虑到苗沛霖、李世忠等人投降后可能会再次叛变的情况，有不得已的原因，但是李文忠（李鸿章）生前很喜欢用一些小聪明和小伎俩，在这件事上也可以看个差不多。

苏州已经用武力收复，这确实是平定江南的最关键的事。先是曾国藩、左宗棠、李鸿章，三个人各自带着一支部队向东去，深入敌人军事重地，他们之间也没有办法联络或者是互相配合应敌，所以孤立无援，形势和处境都非常危险。在苏州之战胜利之后，李鸿章建议应该统筹全局，乘胜进入浙江这些地方，和曾国藩、左宗棠两支军队互相接应，把力量聚集在一起再去攻打别人，这是政府官军后来制胜的第一要素。十一月，刘铭传、郭松林、李鸿章进攻无锡，占领了那里，抓获他们的将领黄子澭父子二人后斩首。后来李鸿章把他的军队分为三支部队：甲队，他自己率领；乙队，程学启率领，进入浙江，攻占平湖、乍浦、澉浦、海盐、嘉善这些地方，进逼嘉兴府，左宗棠的军队（浙军）也来和他们互相配合应敌，进入杭州地界，攻打余杭县[1]，屡次击败敌军；丙队，由刘铭传、郭松林等人率领，和常胜军共同攻打常州，获得了极大的胜利，依靠武力收复了宜兴、荆溪，抓住了敌人的将领黄靖忠。李鸿章还命令郭松林进攻溧阳，降服了敌军。

当时的敌军将领陈坤书，有部下十几万人，占据着常州府，摆开阵势来攻打政府官兵的背面。李鸿章和刘铭传率军防御，敌军气势逼人，而官军就不幸地失利了。陈坤书又偷偷派兵迂回到江苏内部心腹之地，在江阴、常熟、福山等地方不断出没，江阴、无锡因此而戒严，江苏以西受到了非常大的震动。在此种情况下，李鸿章命令刘铭传自己独自处理常州地区的事情，然后急忙召唤郭松林放弃金坛，日夜不停地赶路，来支援苏州。又让李鹤章立即回去死守无锡，杨鼎勋、张树声率领别的军队把守江阴的青阳、焦阴，切断敌人的后路。当时敌人的部队围剿常熟的力度不断加强，艰苦的战斗已经持续了很多天，仅能勉强支撑。太平军又一起围剿无锡，李鸿章建立的壁垒几乎要守不住了，眼看防线就要崩溃了。几天之后，郭松林的援军到了，他们浴血奋战，击退了敌人，这才解了围。郭松林因在本次战争中有功劳，所以

① 余杭县：今为余杭区。

被授予福山镇总兵之职。

先是程学启围剿嘉兴（从那一年的正月开始）非常紧急，嘉兴城中驻守的士兵与政府官军针锋相对，两军交战，死伤都很惨重。二月十九日，程学启激励手下的将士们，一定要尽快地攻占这个地方，打败敌人，结束战斗，于是程学启亲自冲锋陷阵，越过浮桥，爬上攻城的云梯。在城上的敌军死死地守着，一直朝着他们射击，打来的子弹多得像下雨一样，忽然一颗子弹飞过来，打中了程学启的左脑，他摔倒在地。副将刘士奇看见了，立刻顶上，代替主将程学启监督部队，并率先登上了城楼。战士们化悲愤为力量，勇气瞬间高涨百倍。而潘鼎新、刘秉璋等人也通过水、陆交替前进，最终攻占了嘉兴。

程学启被打伤后，躺在床上治疗了二十多天，还是不见好转，最后在三月十日逝世，被赐予“忠烈”的称号。李鸿章悼念他的时候，痛哭流涕。

嘉兴这个地方被政府以武力收复后，在杭州的敌军气焰一下子变得非常低落，在二月二十三号的时候（二月十九日嘉兴被收复），敌军的主力趁着晚上从北门全部撤出城里。左宗棠的军队在三月二日的时候进入杭州城，从此，苏军（李鸿章的军队）和浙军（左宗棠的军队）的部队合兵一处，成功会师。

程学启去世之后，李鸿章让他手下将领王永胜、刘士奇分别率领程学启的部队去和郭松林在福山镇会师，从福山镇进攻沙山，经过接连几天的战斗，占领了沙山。到了三河口，消灭了两万人。于是李鸿章督促各部队合作，一起围剿常州。刘铭传攻打西北部，成功攻破；郭松林攻打陈桥渡的军营，成功攻破；张树声、周盛波、郑国榹等人袭击河边敌人的军营二十几个，也都成功攻破。战败的敌军落荒而逃，想要回去进入常州城内，陈坤书拒绝他们进入，所以被政府官兵杀死在城下的敌军败兵数都数不过来了。三月二十二日的时候，李鸿章的军队正式进逼常州城，用大炮和炸药轰炸城墙，城墙被炸开了一个数十丈长的大口子，然后挑选了数百名勇士组成敢死队，战士们扛来梯子，登着梯子强行爬墙。陈坤书骁勇善战，他亲自率领强壮的士兵们出去战斗，驱赶他们，修补被轰开的缺口，政府官兵死了好几百人。李鸿章十分愤怒，督促众人要更加努力，命令多多准备攻城器材，接连好多天进行猛烈的攻击，两军的受创程度和人员死伤同样惨重。经过了十几天后，李鸿章亲自到战场去当督军，刘铭传、郭松林、刘士奇、王永胜这些人，身先士卒，亲自出战，拼死搏斗，登上了城楼，敌人终于乱了阵脚。陈坤书依然不屈服，和他手下的将领费天将一起率领那些剽悍的士兵，和政府官兵展开激烈的巷战，郭松林浴血奋战，俘虏了陈坤书，费天将也被周盛波抓住了。刘铭传大声喊着“只要放下兵器，过来投降的人可以被赦免”，听到这话，立刻有一万多人投降。在本次战斗中政府的军队也死了几千人。常州就这样被收复了，当时是四月六日。从这以后，江苏的军队（李鸿章的军队）和南京的军队（曾国藩的军队）之间的联络全部畅通了，在江苏全省范围内，除了南京府，没有敌人活动的踪迹了。自从同治元年壬戌春天的二月，李鸿章率领着八千人抵达上海，正式开始统领淮军，还有常胜军，转战各个地方，经历了大大小小的战斗有几十次，从松江保卫战开始，一直到嘉兴、常州攻坚战结束，一共整整两年，到了同治三年甲子夏天的四月，扫清苏南太平军的任务大功告成。

说明：李鸿章扫清苏南地区的太平军，是靠着淮军将士们骁勇善战、意志坚韧，还有华尔、戈登也贡献了很大力量，而不是只依靠常胜军打下了几座城池，打赢了几次战斗。当时李秀成论智慧、论勇气都是数一数二的，他的军队大多使用西方的枪支和大炮，程学启、刘铭传、郭松林、周盛波、张树声、潘鼎新这些将领虽然善战，但却只依靠天生的勇气和谋略，而不知道新式作战方法的作用，所以淮军在战争初期的时候，和敌人的军队相遇，常常被敌人打败。李鸿章从中吸取教训，命令那些将领也向常胜军学习，也用了不少常胜军用过的武器。要说左宗棠平定浙江太平军的功劳，还得到了法国军官托格比、吉格尔这些人的很多帮助。这个朝廷要灭亡了而又起死回生，英国人、法国人有很大的功劳。他们的意思是，想要永远保持东亚和平的局势，把这里建设成为商务活动的乐园，但是没想到一直到今天，中国还不想着自我振兴，将来恐怕就会有

Great revolution（大革命）发生。

先是曾国荃的军队在水上和陆地上互相配合应敌，围剿南京已经有两年，到了甲子年正月，攻占了钟山的石头壁垒。敌军失去了他们的要塞，包围金陵的外围部队开始联合起来围剿，太平军内部和外面互不相通，运送粮食的道路也被截断了，城中没有粮食了。洪秀全知道大势已去，做什么都没有办法挽回了，于是在四月二十七日喝毒药自杀了，他的将领们拥护他的儿子洪福继位。当时朝廷的官军还不知道有这件事，朝廷多次下旨，命令李鸿章把自己的得胜之师派出去帮助围剿南京。曾国荃认为被困在城中的贼寇已经非常疲惫了，粮食、弹药都已经没有了，被歼灭的日子指日可待，所以觉得没有必要再借助于李鸿章的力量。李鸿章本人也不愿意瓜分曾国荃的功劳，一直采取回避的态度，于是托人对皇上说，正是盛夏，酷暑天气不适合用火器，以此为理由，一直不肯出兵。朝廷不明白李鸿章真正的想法，一直不停地催促他出兵，曾国荃听到这些，内心既担忧又愤怒，便从五月十八日开始，日日夜夜督促将士们猛烈地攻打地保城（就是龙膊子山上最坚固的壁垒，也是那里第一险要的地方），该地很快便被攻了下来。他派人深挖隧道，从五月三十日到六月十五日，成功开凿了十几处隧道，曾国荃下令城外的各个军营做好一切战斗准备，另外重金招募不怕死的战士，准备城墙一打开缺口就猛冲进去。

当时李秀成在南京城内，洪秀全死后，发号施令的权力就集中到了他的身上。李秀成懂得看人，也善于用人，施以恩德和树立威信同时进行，所有人都真心佩服他，军队的将士们都对他很服气，对他就像是儿子对待父亲一样。五月十五日的时候，李秀成亲自率领几百个不怕死的勇士，从太平门的那个缺口突出重围；又另外派遣几百个不怕死的勇士穿着官兵的衣服，从朝阳门突出重围，一直冲到曾国荃的军营，放火喧哗。当时官兵们已经劳累了很多天，非常疲惫，几乎丧失了战斗力，突然遇到这种紧急情况，都要崩溃瓦解了，幸好有彭毓橘等将领带着部队赶过来救援，这才平息了这场危机。

六月十六日正午，隧道里放的火药爆炸，当时就好像有上万处雷声同时炸响，天地都跟着一起颤动了，城墙崩坏了大概二十几丈。曾国荃军队的战士们使劲往前冲，从城墙攀登上去，敌人的士兵拼死抵抗，双方军队开枪射击，子弹多得好像下雨一样，当场击毙城外的士兵四百多人。官军的士气更加高涨，踩着尸体向前进，终于杀进了城内。李秀成自己早已抱定必死的决心，把自己心爱的骏马献给年幼的主人洪福，让他能够逃出城去，而李秀成自己则监督士兵接着打仗，战斗持续了三个日夜。力气用尽被俘虏的、敌军大小将士战死的、被烧死的，一共三千多人，整座城里的宫殿房屋连续烧了三天都没有熄灭。城中长期跟随着洪秀全的男女老少，大概有十几万人，没有一个投降的。自从咸丰三年

（一八五三年）癸丑，洪秀全占领南京，到现在这里被朝廷收复，历时十二年时间。

说明：李秀成能称得上是真正的英雄豪杰！当他面对生死存亡的危急时刻，整座城上上下下，危在旦夕，但他还能够指挥千百名士兵，进行非常有组织的突围和决战，几乎要把政府军队歼灭了。五月十五日那天的战斗，曾国荃的军队没有被消灭，完全是老天保佑。等到南京的城墙被攻破，李秀成还能够让出心爱的马匹去救年幼的主人，自己慷慨激昂地去送死，有和国家同生死、共存亡的志气，就算是古代的大臣和儒将，有谁能够超过他呢？项羽的乌骓不离开，文天祥忧国忧民却无力改变，是天意还是人为造成的呢？我听说李秀成离开苏州的时候，苏州的百姓，不论男女老少，没有不痛哭流涕的。至于他用该有的礼数厚葬王有龄，善良地对待和体恤在战争中失败或者投降的将士，非常有文明国家战争时立的公约和法律的意思。南京城中的十几万人，没有一个要投降的，就好像齐国的田横五百士一样，他们的志向相同，他们的目标一致，而李秀成巨大的魄力，又是他们的百倍，这是有史以来，战争从来没有出现过的最后的结局。假如让李秀成处在洪秀全那个位置上，那么在今天这片土地上，谁知道会是哪家的天下呢！李秀成被官军抓住后，从六月十七日到十九日一共三天里，他站在笼子里，情绪激昂地写下供状，记述了一共好几万字的史实，虽然经过政府的删减，没有能够完整地流传下来，但是一直到今天读这些时，仍然能感觉到他的大义凛然，能感受到他当时的心境。唉！刘邦成了天子，天下人就诋毁项羽，用成王败寇的那套标准去评论人，今天又有谁愿意为李秀成的丰功伟业说上一句好话呢。几百年之后，自然会有合理的评价，后人所撰写的良史，怎么可能会存私心，有偏私的观点夹杂其中呢？虽然世间的法则是物竞天择、适者生存，曾国藩、左宗棠、李鸿章也都是人中豪杰。

南京被武力收复，朝廷当然要论功劳大小给予赏赐。两江总督曾国藩被加封太子太保的官衔，封为世袭一等侯；浙江巡抚曾国荃、江苏巡抚李鸿章都被封为世袭一等侯。剩下的其他将帅也都受到了不同程度的奖赏。曾国荃收复南京这件事，有好多将领都忌妒他的功劳，到处说他的坏话，诽谤他的言论一时间在好多地方兴起，即使是左宗棠这样的贤能之人，也都跟着一起诋毁曾国荃，唯独李鸿章从来没有说过这些话，而且在很多时候还努力为曾国荃辩护。

说明：这也是李鸿章能够得到“文忠”这个谥号的原因。朝廷下旨让他帮忙围剿南京，他却不想瓜分人家已经快要到手的功劳，等到事成之后，也不对推荐他的人心怀忌妒，这种道德和胸怀的确有过人之处，他的名声不是虚传的，也不是随便说说的。

第五章　兵家之李鸿章（下）

- 捻乱之猖獗
- 李鸿章以前平捻诸将之失机
- 曾李平捻方略
- 东捻之役
- 西捻之役

用武力收复南京之后，中国的战争一下子减少了一半，但捻军的战乱依然还在，中国还是没有完全获得安宁。捻军的造反开始于山东的无业游民。到了咸丰三年（一八五三年）的时候，洪秀全占领安庆、南京，安徽全省都非常惊恐，捻军趁着这股势头兴起，在宿州、亳州、寿州、蒙县这些地方作乱造反，在安徽、山东、河南一带横行霸道，每到一个地方就进行掠夺，官兵都没有办法制止他们。其中也有奉命监督军队攻打他们的大臣，但总是被捻军打败，所以捻军的势力越来越猖獗。等到咸丰七年冬天的时候，捻军的骑兵去骚扰直隶有名的府邸以及其他地方，于是北京戒备森严。

现在把捻军刚刚建立起来的时候一直到李鸿章前去监督军队为止，政府每次派出去平定捻军的统帅列表如下：

人	官	任官年份	屯驻地
善　禄	河南提督	咸丰三年	永城县①
周天爵	钦差大臣	咸丰三年	宿州
吕贤基	工部左侍郎	咸丰三年	安徽
陆应谷	河南巡抚	咸丰三年	开封府
袁甲三	钦差大臣	咸丰三年	宿州（周天爵卒代之）
舒兴阿	陕甘总督	咸丰三年	陈州
英　桂	河南巡抚	咸丰四年	开封府
武隆额	安徽提督	咸丰五年	亳州
胜　保	钦差大臣	咸丰七年	督江北军
史荣春	提督	咸丰八年	曹州兖州
田在田	总兵	咸丰八年	曹州兖州
邱联恩	总兵	咸丰八年	鹿邑
朱连泰	总兵	咸丰八年	亳州
傅振邦	总兵	咸丰九年	宿州
伊兴额	都统	咸丰九年	宿州
关　保	协领	咸丰九年	督河南军
德楞额	协领	咸丰九年	曹州
胜　保	都统钦差大臣	咸丰十年	督河南军，关保副之
穆腾阿	副都统	咸丰十年	安徽（副袁甲三）
毛昶照	团练大臣	咸丰十年	河南
僧格林沁	蒙古亲王	咸丰十年	
曾国藩	钦差大臣	同治三年	

在庚申这场战役中，咸丰皇帝离开北京，前往热河避难，捻军抓住这个机会，趁机侵略山东，在济宁展开疯狂的掳掠。德楞额和捻军作战，但是败得非常惨，朝廷指派蒙古科尔沁的亲王僧格林沁率领军队追剿那些捻军，可谓十分骁

① 永城县：今为永城市。

勇。同治二年（一八六三年），太平军的几个部队首领陈得才、蓝成昌、赖汶洸等人归到了捻军部下。捻军的首领张总愚、任柱、牛落江、陈大喜这些人各自率领上万的士兵，在山东、河南、安徽、湖北的各个州县不断出没，来去飘忽不定，行动迅速，像是疾风暴雨一样，猜不透也摸不清他们的行踪，朝廷官兵疲于奔命。同治三年九月，好多捻军侵入湖北，疯狂掠夺襄阳、随州、京山、德安、应山、黄州、蕲州等地。舒保在战斗中死亡，僧格林沁的军队屡屡被击溃。僧格林沁这个人勇猛剽悍，但是不爱读书，也没有什么学识，自己领导的军队纪律也不经常整顿，他们到过的地方，奸淫掳掠，十分残暴，和太平军、捻军没有什么区别，所以湖北省的人民都非常失望。

当时南京刚刚被武力收复，太平军残留下的士兵投靠到捻军那里的有上万人，他们又转移到河南、山东，掠夺这些地方的城市。同治四年（一八六五年）春天，僧格林沁下定决心要率领骑兵追杀捻军的首领，一整天行军三百里。到了曹州后，他的部下有很多人情绪怨愤。四月二十五日，僧格林沁不小心中了捻军首领的圈套，大败，他坚持抗争，不小心从马上坠落摔死了，整个朝廷震惊，对他进行了沉痛的哀悼。朝廷火速任命曾国藩做钦差大臣，监督操办直隶、山东、河南的军队事务，不久又任命李鸿章任职两江总督，作为曾国藩的后勤保障。

从前官军对捻军的作战方略只有追击这一种，常常辛苦费力却没什么成就和功劳，虽然有时也会堵截一下，但也仅仅是小修小补。我们进一步说，无论是进攻还是防守，不是苟且作战，给了敌人实力增长的机会，就是急躁冒进，没有对于全局的规划和自己的谋略，最后使自身的兵力受损，从来没有站在全局的角度，做全盘打算，根据当地的实际情况，制定符合此种情况的作战方略，所以打了十几年的仗，都没有什么成就。自从曾国藩接受使命以来，才开始制定围剿敌人的长远的规划策略，他说一定要先把敌人都驱赶到一小块儿地盘上，然后就可以聚集优势兵力一起歼灭他们。李鸿章按照曾国藩说的做了，终于平定了中原。

曾国藩是一个称得上君子的人，总是用兢兢业业、持盈保泰、急流勇退的信条来进行自我鞭策。南京被他们用武力收复之后，他平生的志向已经实现了，所以就希望功成身退。等到僧格林沁阵亡，捻军的气势快要逼迫到京畿地区时，情况十分危急，曾国藩在危急关头，朝廷都快要战败的时刻接受任命，义不容辞，所以又勉强接受这项重任。但是他自己深刻地认识到，湘军的颓废现象已经非常严重，恐怕不能再打仗了，所以就把他们撤下来，而只用淮军赶赴前线杀敌。原来曾国藩刚刚接到这项任命时，他内心想把这个职位让给李鸿章，让其成就功业，这个愿望已经存在很久了。等到了同治五年（一八六六年）的十二月，他因为身患疾病辞去职务，然后朝廷命令李鸿章做代理钦差大臣。曾国藩回到了两江总督的职位，负责后勤保障等事宜。

李鸿章围剿捻军的战略战术是这样的，他认为捻军已经在流落逃亡，只要设法阻止他们继续流窜，然后集中兵力对他们进剿就可以，这算得上是最好的策略。明代的孙传庭曾经说，剿灭逃亡的贼寇应当一直驱赶他们到非常困难的绝境，在他们快要不行了、坚持不住时再追杀他们，如果不这样的话，在各自都非常强盛的时候靠激烈的战斗分胜负，那么就算是打赢了也不可能彻底消灭流窜的贼寇。李鸿章明白这个道理，所以同治四年十一月，他曾经上奏圣上说，必须把他们逼到地形复杂的地方，故意放弃那些地盘，引诱他们进去，再集合各个省份官兵的力量，从三四个方向围住他们、困住他们，后来这项任务大功告成，这个方法确实是非常有效的。

那一年五月的时候，任柱、赖汶洸等大批人马深入山东地区。李鸿章命令潘鼎新、刘铭传拼尽全力追捕，想要把他们逼到登莱海的一角，然后想办法在胶州、莱州的交通要道围困他们，使得他们无法向北逃窜到京城，向南不能蔓延到淮南去。六月的时候，李鸿章亲自去济宁统兵作战，分析了形势之后，认为任柱、赖汶洸那些人都是经历过上百场战斗后保存下来的精锐，里面还有游兵和单独招募的勇士，既狡猾又十分剽悍，让人无法轻视，如果还没有准备好足够的兵力就去围剿，逼他们过紧，留给他们的地方又过于狭小，让他们看出这其中的计谋，他们一定会着急往外逃窜，迅速跳出包围圈，那么到时候整个局势就会再次不利。于是，李鸿章等制定政策先防止他们把运河作为逃出去的路线，以此来截断东捻军的退路，然后控制住胶莱，截断交通要道。但是山东巡抚丁宝桢一心想要把贼寇驱逐出山东省，对李鸿章的战略措施表示强烈的不满。七月的时候，敌人的军队突然攻打潍河，东边省份看守的将领王心安只是驻守躲避在庙里，放任敌人的军队偷渡，于是胶州、莱州的防线逐渐崩溃。那时候诽谤声纷起，朝廷对李鸿章的责备越来越严厉，甚至出现了改变战略的建议。李鸿章又上奏朝廷，认为捻军围绕着运河来来回回侵扰，政府派官兵分不同的方向驱逐他们，那些地方虽然受到蹂躏，但是受害的地区只不过是几个府县；如果把他们驱赶到运河以西，那么将会有更多的省份受到无穷无尽的侵害，同样都是国家的土地，同样都是天朝的子民，这样说未免就太歧视那些地方了。朝廷这才坚持之前的战略，没有更改。十月十三日的时候，刘铭传在安邱、潍县之交的地方和捻军打仗，获得了胜利。二十四日的时候，刘铭传追击到赣榆，和骑兵统带善庆并肩作战，在战斗中杀死了任柱，于是东捻的势力就衰落了下来。

二十八日那天，潘鼎新在海州上庄和敌人决一死战，击毙了很多剽悍的捻军。十一月十二日的时候，刘铭传、唐仁廉等人在潍县、寿光侧面包抄敌军整整一天，敌人军心动摇，来投降的越来越多。此后郭松林、杨鼎勋、潘鼎新每场战斗都取得了胜利。到了二十九日的时候，刘铭传、郭松林、潘鼎新这些人，偷偷追了七十里路，追到了寿光弥河那边，开始与敌军交战。大战了十几个回合，又往前追了四十几里路，斩除俘获一共大概三万人，捻军精良的武器装备、骡马等一股脑儿全丢下了。李鸿章在上奏的折子里，说了“战士们回到军营后，我亲自前去看望安慰他们，他们看上去都饥饿疲惫，劳累过度，脸上没有血色”这样的话。赖汶洸在弥河那场战斗中失败后，掉进了河里，但是没有死，又再次集结了几千名骑兵，冲出了六塘河的防线。黄翼升、刘秉璋、李昭庆等人率领水军、步兵和骑兵跟在后边穷追猛打，赖汶洸的队伍只剩下几百人，被他们逼到了高室水乡。李鸿章先前派出的统率华字营的淮军勇士吴毓兰，正好在扬州的运河阻拦防守。各支部队合力，前面拦截，后面追击。十二月十一日，吴毓兰活捉了赖汶洸，东捻军就全部被解决了，鲁、苏、皖、豫、鄂五个省份的乱军都被肃清了。

李鸿章把胜利的消息上奏朝廷后，又附带陈述了他的这些军队围剿捻军以来，驰骋追逐敌人走了很多省份，辗转战斗了很多年，每天要行军一百里，还必须忍受饥饿、忍耐寒冷，还要忍受别人的谗言、别人的讥讽，经历了很多人生从未有过的苦困的境地。刘铭传、刘秉璋、周盛波、潘鼎新、郭松林、杨鼎勋等人多次申请离职，李鸿章请求朝廷允许他们稍微休整一阵子，不要把他们再调到远处服役；并以积劳成疾的理由为刘铭传代请假三个月。从同治七年（一八六八年）正月开始，张宗禹率领的西捻军大部队突然从山西渡黄河向北，逼近北京城下，震惊北京。初七、初八，朝廷屡次命令刘铭传和善庆等步兵、骑兵营迅速奔赴河北剿灭西捻军。李鸿章因为刘铭传因病还在休假，不忍心立刻把他调过来，于是就率领周盛波的盛传马步十一营、潘鼎新的鼎字军全部，以及善庆、温德克勒的骑兵部队，陆陆续续地向下一站进发，从东阿渡过黄河，命令郭松林、杨鼎勋整顿大部队，之后再跟着一起前进。

与西捻的这场战役，跟东捻那场战役相比有更困难的地方，一个原因是黄河的北边都是平原，没有高大的山脉和宽阔的河流限制阻碍敌军。张宗禹非常狡猾，了解官兵，他流窜骚扰北方的平原地区，抢了很多马匹，忽来忽去，飘忽不定，瞬间就能出现在百里之外。政府想要设置一些土围子来困住他们，但是地势不合适，而且他们有了任柱、赖汶洸的前车之鉴，一见到政府要设立障碍围捕他们，就立刻拼尽全力冲出去，不给政府官兵留任何机会修筑工事，这是一个很大的困难。第二就是淮军的所有人都是南方人，渡河来到北方，习惯和这边不一样，风气和习俗跟北方人差别很大，南方人的性情、口音和北方人都不一样，而且吃米的饮食习惯也跟北方不一样，马队少，喂马吃的麸料还短缺，这是第二个大的困难。于是李鸿章开始使用坚壁清野的办法，认为“前边的任柱、赖汶洸这些贼寇，在中原的好多省份流窜，害怕墟寨超过害怕政府官兵。河南的东边、安徽的北边，民风强悍，被捻军迫害的时间已经很长了，所以逐渐修筑墟寨，因此捻军到了那边也是经过一下就走掉，不能长久停留。近些年来湖北、陕西被骚扰得最厉害，因为那里一向没有墟寨，现在开始筹划修筑来不及了，捻军才得以在那里盘桓，贪婪地掠夺，使得他们的气势越来越嚣张。直隶、山西两个地方从来没有土匪的祸患，民风淳朴怯懦，不知道修筑墟寨防守。张总愚本来就极其狡猾，又是出身于穷困的盗贼，南边有黄河阻挡，他便在黄河以北到处横行，他到过的地方，百姓都惨遭蹂躏，受到很大的惊吓，这已经有相当长的一段时间了，实在是可悲可叹的事情。（中间省略）自古以来带兵打仗，一定要进行双方各方面实力的对比。捻军不一定比政府官兵强大，但是他们马匹多，而我们马匹少，自然他们就有我们赶不上的优势；他们可以随处任意掠夺粮食，我们只能在当地购买粮食，贼寇经常可以吃饱，但是政府官兵常常是要挨饿的，这方面我们又比他们差。今天想要断绝贼寇的粮食来源、马的来源，只能是苦口婆心地规劝，严肃地告诉河北的乡绅和村民抓紧时间修筑坚固的墟寨，一听到有什么风吹草动和危险信号，就把粮食、牲畜等藏起来，既可以保护自己的家，又能把反贼置于绝境”等等。西捻的平定，确实有赖于这条政策的实施。

四月的时候，李鸿章上奏皇上请求让刘铭传统领全部前方的抗敌将士，朝廷同意之后催促他赶紧行动，李鸿章命令淮军和直隶民团、山东的民兵一起，沿着黄河和运河，修筑长墙沟壕来逼迫敌人。李鸿章选派各部队轮流攻击敌人，倒替休息，那些追击了敌人很久、又累又乏、必须休整的部队就在运河的东岸选择有利地形扎营，驻扎在那里，等到捻军接近的时候，立刻起来迎战，反击他们，改剿为防。李鸿章又派张曜、宋庆分别驻扎在夏津、高唐一带，程文炳驻扎在陵县、吴桥一带，为运输和防守做掩护。左宗棠也派刘松山、郭宝昌等部队，在从连镇北边到沧州一带的河流的东岸分别驻扎，和杨鼎勋等部队在战斗中互相接应御敌，这一切都安排好之后就开始进攻围剿捻军。

五月的时候，一股捻军向西北逃窜，各部队分别阻击他们，多次获得胜利。李鸿章于是趁着黄河水上涨泛滥的时候，缩小了包围圈，把运河当作外面的包围圈，而把恩县、夏津、高唐的马颊河，截长补短，作为内部的包围圈，把窃贼逼迫到西南方向，一层一层设置圈套。五月到六月中旬的时候，各部队依次取得战斗的胜利，敌人的气势迅速衰落，投降的和散落的渐渐多了起来。六月十九日到二十二日，政府军队乘胜追击，每次战斗都获得了胜利。二十三日，张总愚渡河向西南方向逃亡流窜。二十四日，从平原逃向高唐。二十五日，潘鼎新追了他们一百二十里，冒着大雨到达了高唐县。这时候捻军已经逃向博平、清平一带，想要偷袭运河，但是政府官军早就在马颊河西北岸修筑了长墙几百里，足以困住捻军了，等到捻军发觉的时候，他们已经进入了埋伏的地方，可以逃跑的地方越来越狭窄，马上就要陷入绝境。那时候各部队已经追了很久，疲劳乏累，于是李鸿章就派刘铭传率领生力骑兵前来参战，官军的士气顿时大振。

二十八日，他们把敌人围困在黄河、运河之间的狭小地区，刘铭传调集骑兵、步兵进行攻击，追出去几里地。捻军恰好遇到东边来的郭松林的部队拦住他们的去路，又恰好赶上河道分叉，水流湍急，河里有泥，很容易陷进去。刘铭传、郭松林两军的马队有五六千人，交叉合作，一起对敌人进行攻击，擒获和斩杀的敌军数都数不过来。张总愚仅仅带着手下的十个人向北方逃跑，很快便投河自尽。西捻军被肃清了，中原恢复了和平。当年八月，李鸿章进京觐见皇上。

李鸿章用兵的方法是先制定谋略，然后再行动，预测敌人的行动非常准确，所以在军中总共十五年的时间，从来没有受过什么大挫折。虽然这看上去是上天眷顾，运气好，但这也是和个人的努力分不开的。他围剿太平军的时候，用区区三个城市的立足之地，仅仅用了一年的时间就扫荡平定了整个苏南地区；他围剿捻军的时候，对方是朝廷十几年都没有办法剿灭的剽悍强劲的对手，那么多将帅都没有办法消灭他们，对他们无计可施，他也只用了一年时间就把他们全都歼灭了，好像是老天已经设定好了一样。他对待下面的将士，都是以朋友道义和他们交往，和他们相亲相爱，就像对待自己的孩子一样，所以他的部下都非常乐意为他卖命，李鸿章是真正的将领，是适合做将领的人才！不过，李鸿章从事军事的生涯，实际上是和曾国藩开始和结束的时间同步的，他们不只是推荐人和从事者之间的关系。在他平定太平天国的时候，是由曾国藩统筹全局的，肃清长江上游的太平军，曾国藩的军队围剿南京，牵制阻挠敌人的兵力，所以能够让李秀成一直疲于奔命，让李鸿章有了可乘之机。他平定捻军，一方面继承学习曾国藩所制定的军事方略，而之所以士兵们能有粮食填饱肚子，都是因为有一位十分优秀的两江总督在他身后支援，让他没有后顾之忧。除此之外，李鸿章曾经跟随曾国藩的军队好多年，深受军队里道义的熏陶，练习用兵之道，他这一生的做人态度，吃苦耐劳、任劳任怨、坚韧不拔的精神，以及他治理军队、领导将领、在军营里开诚布公、提振士气的方法谋略，没有一个不是从曾国藩那里学习来的。所以先有曾国藩的教育，然后才有李鸿章的造诣，李鸿章对待曾国藩像侍奉父母一样尊敬，像对神明一样敬佩，不也是应该的吗？

第六章　洋务时代之李鸿章

- 洋务之治绩
- 北洋海陆兵力
- 李鸿章办理洋务失败之由

“洋务”这两个字，其实算不上是李鸿章的专用名词。但是，本着名字跟着主人的原则，为李鸿章作传，那么就不能不用“洋务”这两个字总结概括他中间二十多年的事业。李鸿章之所以被全天下的穷酸文人唾弃、辱骂，是因为洋务运动，他之所以被那一代的趋炎附势的人追随也是因为洋务运动，我之所以一方面夸赞李鸿章，一方面责备李鸿章，一方面为李鸿章惋惜，还是因为洋务运动。说李鸿章不懂得什么叫作洋务，在我看来，中国参与洋务运动的人士没有能比得上他的。说李鸿章真的懂得洋务，那为什么别的国家因为洋务运动而更加兴盛，但是我们国家却因为洋务运动而衰败呢？我用一句话来概括，那就是李鸿章只知道有洋务，却不知道有国务，他认为洋人所办的事务就是洋务。在这里，我尝试总结了他平定起义军、捻军之后，日本发动侵略战争之前，所办理的有关洋务运动的各项事情，列表如下：

设外国语言文字学馆于上海	同治二年正月
设江南机器制造局于上海	同治四年八月
设机器局于天津	同治九年十月
筹通商日本并派员往驻	同治九年闰十二月
拟在大沽设洋式炮台	同治十年四月
挑选学生赴美国肄业	同治十一年正月
请开煤铁矿	同治十一年五月
设轮船招商局	同治十一年十一月
筹办铁甲兵船	光绪元年十一月
请遣使日本	光绪元年十一月
请设洋学局于各省，分格致测算、舆图、火轮机器、兵法、炮法、化学、电学诸门，选择通晓时务的官员主持，并在人才选拔制度上稍加变通，通过洋务考试也可以做官	光绪元年十二月
派武弁往德国学水陆军械技艺	光绪二年三月
派福建船政生出洋学习	光绪二年十一月
始购铁甲船	光绪六年二月
设水师学堂于天津	光绪六年七月
设南北洋电报	光绪六年八月
请开铁路	光绪六年十二月
设开平矿务商局	光绪七年四月
创设公司船赴英贸易	光绪七年六月
招商接办各省电报	光绪七年十一月
筑旅顺船坞	光绪八年二月
设商办织布局于上海	光绪八年四月
设武备堂于天津	光绪十一年五月
开办漠河金矿	光绪十三年十二月
北洋海军成军	光绪十四年
设医学堂于天津	光绪二十年五月

以上所罗列的李鸿章办理的洋务，大概就是这些。总结他的主要内容，不外乎两类：一是军事方面的，比如买船、买武器、制造船舶、制造武器、修筑炮台、修建船坞等这些事情；二是商务，比如铁路、招商局、织布局、电报局、开平煤矿、漠河的金矿等等这些。中间虽然有兴办学堂，派遣留学生去外国游学这些事情，大部分也都是因为军事需要，要不就是用来培养和外国交涉、能够用来担当翻译的人才。李鸿章所见到的全部的西方人的长处，也就是这些而已。

海洋、陆地上的军事，是他这辈子倾注自己全部精力的事情。人们常说，他是凭借善于作战才立下了那么多功劳，树立了威名，但是他之所以会取得成功，实际上是因为他经常和西方军队一起作战，目睹了他们使用武器的厉害，从而把那些东西拿过来使用，所以在平定叛乱之后，他深深感到中国的军事实力平定内乱有余，抵御外来侵略却远远不足，所以他兢兢业业，把强军作为重中之重。这样不能不说他的眼光要比寻常的普通人高出很多，而他把一辈子的心血也都倾注在了这上面。下面计算一下中日爆发战争之前，李鸿章手底下的兵力大略为：

北洋海军兵力表

队别分职	船名	船式	吨数	马力	速力	炮数	船员	进水年份
主战舰队	定远	铁甲	7 335	6 000	14.5	22	330	光绪八年（1882）
	镇远	铁甲	7 355	6 000	14.5	22	330	光绪八年（1882）
	经远	铁甲	2 900	3 000	15.5	14	202	光绪十三年（1887）
	来远	铁甲	2 900	3 000	15.5	14	202	光绪十三年（1887）
防守舰队	致远	巡洋	2 300	5 500	18	23	202	光绪十二年（1886）
	靖远	巡洋	2 300	5 500	18	23	202	光绪十二年（1886）
	济远	巡洋	2 300	5 500	18	23	203	光绪九年（1883）
	平远	巡洋	2 300	1 500	14.5	11		
	超勇	巡洋	1 350	2 400	15	18	130	光绪七年（1881）
	扬威	巡洋	1 350	2 400	15.5	18	130	光绪七年（1881）
	镇东	炮船	440	350	8	5	55	光绪五年（1879）
	镇西	炮船	440	350	8	5	55	光绪五年（1879）
	镇南	炮船	440	440	8	5	55	光绪五年（1879）
	镇北	炮船	440	440	8	5	55	光绪五年（1879）
	镇中	炮船	440	750	8	5	55	光绪七年（1881）
	镇边	炮船	440	840	8	5	55	光绪七年（1881）
练习舰	康济	炮船	1 300	750	9.5	11	124	光绪七年（1881）
	威远	炮船	1 300	840	12	11	124	光绪三年（1877）
补助舰	泰安	炮船	1 258	600	10	5	180	光绪二年（1876）
	镇海	炮船	950	480	9	5	100	同治十年（1873）
	操江	炮船	950	400	9	5	91	同治五年（1865）
	湄云	炮船	578	400	9	4	70	同治八年（1869）

附水雷船

船名	船式	吨数	速力
左队一号	一等水雷	108	24
左队二号	一等水雷	108	19
左队三号	一等水雷	108	19
右队一号	一等水雷	108	18
右队二号	一等水雷	108	18
右队三号	一等水雷	108	18

直隶淮军练勇表

中日战争爆发前夕，直隶淮军训练勇士二万多人，大概如下：

军队	营数	人数	将领	驻地
盛军	18	9 000	卫汝贵	小站
铭军	12	4 000	刘盛休	大连湾
毅军	10	4 000	宋庆	旅顺口
芦防淮勇	4	2 000	叶志超 聂士成	芦台北塘 山海关
仁宇虎勇	5	2 500	聂士成	营口

以上合计共四十九个军营，两万五千人左右。

李鸿章倾注全部的精力来经营这海陆两支军队，自己一定是有把握的。光绪八年（一八八三年），当时法国人在广西故意肇事挑衅，朝廷商议要集结军队在京畿地区防守，李鸿章再次上奏，说“臣练兵，购买新式武器，到现在已经有十几年了，虽然因为拨下来的经费太少，我不能够完全实现自己的志向，但是临阵对敌，也不至于孤注一掷，让皇帝担惊”。他如此自信，也大概可以从这里看得出来。但是哪里想到，中日双方一交战，那些巨大的战舰，有的受到创伤，有的完全被击毁，有的被敌军缴获，淮军和新练的陆军每次作战都失败，以前积累的名声全部丢尽，淮军遗留下来的残破舰船，再经过八国联军在天津大沽的这场战役，跟着罗荣光、聂士成一起被烧成了灰烬。于是他在直隶总督、北洋大臣任上三十年的积累、三十年所用心培养的、三十年所精心布置和描绘的那些，一切都烟消云散，就像昨天做的一场梦一样消失了。一直到李鸿章去世，他倾注心血经营的大本营天津还在外国人手里，尚未收复。哎呀！李鸿章啊李鸿章，我知道你在九泉之下也不能瞑目。

至于李鸿章失败的原因，一半是因为群臣商议没有统一的结果阻碍牵制了他，一半是李鸿章自己造成的。他自己的责任里，一半是因为用人不当，一半是因为见识不够。当时他立了大功后，正是功劳和名声鼎盛的时期，他自己觉得自己非常厉害，觉得自己能力很强，认为天下所有的事都非常简单；他对他曾经的老部下念旧情，曾经共患难过，所以今天要共同享有这份富贵，他顾着往日的情分偏袒他们，现在要他们互相推荐，把他们安排在重要的位置，交给他们重任，都顾不上问他们的才能能不能胜任这些岗位，所以在遇到事情的时候常把事情搞坏，耽误了大局。这只是其中一个原因。还有一个就是李鸿章只知道单纯训练士兵，却不知道士兵是怎么来的；他只知道单纯筹集军饷，却不知道军饷是怎么来的，因此做了很多细碎烦琐的事情，最终没有什么成就，这又是其中一个原因。在下节会更加详细地说明这个。

李鸿章办理的那些商务也没有一个取得较大的成功的，没有别的原因，都是被官督商办这种政策拖累的。中国人最擅长经商了，就好像是天赐的本领一样。只要让国家为他们制定商业法律，广阔地开辟市场，保护获得财产的权利，自然能够使得土地没有废弃的财物，没有废弃的劳动力，国家的富裕和强大指日可待。但是在今天，每次要办理一个新的商业项目，先要把这件事上奏给朝廷，并且还要为这件事派遣相关的大臣监督操办，就算是选用的人非常恰当，也会因越俎代庖而坏事。况且派去的大臣常常是奸诈、腐败的官吏，他们把自己的官位看作自己发财的利器，依靠手中的权力把持事务的管理大权，要挟别人，狐假虎威，把持着大局，那些已经入股的人怎么能不寒心呢？那些准备入股的人又怎么能不驻足观望呢？所以中国商务一直都无法兴盛，也可以称得上是李鸿章倡导的官督商办主义为它埋下的祸端。

我敢用一番话武断地说：李鸿章确实是不知道国家事务的人，他不知道国家是什么东西，不知道国家和政府之间有什么关系，不知道政府和人民各自有什么权力和受限制的地方，不知道大臣应当尽的责任。他对于西方国家富强的真正原因十分茫然，完全没有认识，以为我们中国的政治制度、教育、文物、风俗，没有一个是不比其他国家的优秀的，那些不如西方国家的东西，只有枪支、大炮、船舶、铁路、机器，我们只要学习他们这些，那么洋务运动这件事就算完成了。这是近些天来全国上下谈论时务的人所倡导的论调，而李鸿章确实是这一派别中已经有三十年资历的老前辈了。那句话说得好，无盐效仿西施的笑容，寿陵人邯郸学步，终究只能是越学越丑，最后没有什么收获，反而弄巧成拙，这是必然的。

尽管如此，李鸿章的见识确实还是远远超过普通人的。我曾经看过他在同治十一年五月关于不可以裁撤轮船制造的二次讨论的折子，上面说：

> 微臣个人认为欧洲各个国家，这百十年来，从印度到南洋，从南洋到中国，闯入中国边界心腹地区，实在是之前的历史没有记载的。从古代开始，凡是没有和中国通商的，没有一国不客气地拜访边关，来向中国请求互相通商的。咱们皇上就像天朝上国的统治者一样，用签订条约的方法笼络这些国家，现在地球东南西北合起来总共九万里那么远，居然全都聚在中国，这是三千多年来局势的一个巨大的改变。西方的人专门仗着他们制造精良，威力巨大的枪支、大炮、轮船，在中国的领土上面横行霸道，中国一向用的武器装备比不上他们的先进，所以才受制于西方国家。在今天还说攘夷，说要把

西方国家的人全都驱逐出境，这本来就是不负责任胡说妄想的话。如果想用和平方式守住这片疆土，也不是没有武器就能保得住守得住的。（中略）那些士大夫禁锢在章句的学问里，对数千年来这么大的一个变化的局势保持愚昧的态度，满足于眼前苟且偷生换来的暂时安宁，而那么快就忘记了二三十年的那么痛苦深刻的巨大的创伤，也不去想此后的千百年怎么安定国家内部，抵御外来的侵略，这是停止修建轮船的商议之所以会出现的原因。臣愚钝地认为，国家的一切费用都能省一些，只有养兵、边防、制造枪炮、制造打仗用的轮船，这些开支万万不能节省，如果要省就是什么都不要了，国家最终还是不能强盛起来。

光绪元年（一八七五年），因为台湾事变筹划建立海防，李鸿章上奏的折子这样说：

在这里总理衙门陈述请示六条。目前的当务之急和日后久远的打算，没有什么遗漏的，实在是挽救时局的最重要的对策。其中不容易一下子办好的原因在于，难得优秀的人才，经费不好筹集，派系很难消除，旧的习俗不好根除掉。这些方面总是不改进，即使每天都设置海上防守，也只是画饼充饥。因此今天最紧迫的事情，就在于努力破除成见，来一些实际的事情。为什么这么说呢？历朝历代防守边疆，重心大多都在西北地区，他们的实力上的对比，各国关系，已经差不多都是固定的了。况且还有固定的疆界。在今天，东南海上的疆域有上万里，各个国家在那里通商和传教，来往非常自由，汇集进入京城还有其他各个省份的内部大量聚居，假装借着友好往来的名义，暗地里却怀着掠夺侵略的计谋，一个国家制造事端，各个国家都跟着一起煽动，这实在是数千年以来从来没有过的局势的变动，洋人的轮船和电报的速度，瞬间就能行进千里；新式武器精良，威力是以前的百倍，又是数千年以来从来没有过的强劲的敌人。外国侵略变换成这样，但是我们却仍然想用现成的老办法应付，就好比医生为病人治病，不问他有什么症状，就一概都给他古方，肯定不会有什么疗效。庚申之后，西方的势力向我们内部侵袭，侵略沿海地区，爱国志士没有不内心愤怒、情绪激昂的，纷纷要求把他们驱逐出去。这些局外人胡乱议论，根本不知道这里面办事的艰难，等到询问他用什么方法自强，怎么才能抵御外来侵略，他就一脸茫然的神色，哑口无言。臣在洋务方面经历的时间比较长，看见的、听见的也比较广，对于敌人和我们自己优势劣势的地方，知道得比较深刻，看一下现在的状况，财力、人力都还很不足，又过多地拘泥于传统，被众人的意见牵制，即使想要振奋也有些困难。《易经》里面说："穷则变，变则通。"大概就是不变通，才在战争中进攻或防守都不能长久，想靠讲和来维持也不可能持久。

李鸿章又说：

最近这些拘谨的古板的读书人，大多认为办理洋务、对外交涉的工作对人是一种侮辱；那些想要投机取巧的人，又把避开洋务当作成就自己清高名声的方式。如果朝廷不努力弘扬新风气，破除以前旧有的那些陋习，实行让国家富强的实用的办法，那么天下危险的局势最终就不能预料，等到后面，缺乏人才的情况会比今天还要严重。就中国这么大来说，却没有自强自立的那一天，这就不仅仅是担忧了，更是可耻的事情。

由这些可以看出，李鸿章本来知道现在这个时候是三千年以来从未有过的一个大的变局，本来知道满足于现状就不能得到安定，本来曾经想要求得之后千百年安定国内、抵制国外侵略的好的方法，本来知道旧的方法不能够解决现在的问题，本来知道如果不是维新变法，那么不管是战争还是防守都靠不住，本来知道派系的界限不消除，以前有的习俗不废除，那么什么事情都办不成，甚至知道今后会缺乏人才，而且程度比今天会更加严重，中国这么大的一片土地，却永远没有自强自立的时候。他的语言是沉痛的，我一直到现在读它们，都会忍不住热泪盈眶。李鸿章如此忠诚，有那么敏锐的洞察力，而且又长久位于重要位置，手中握着重要的权力，但是他的成就却只有今天这样，这是什么原因呢？那是因为他只知道有兵事，却不知道有民政；只知道有外交，却不知道有内政；只知道有朝廷，却不知道有国民百姓。每天责备别人在大局方面愚昧，而自己对待时局却搞不清楚；每天责备别人乱搞派系，旧的习气难以戒除，而他自己的派系、旧习气跟那些人比起来，只不过是五十步和百步的区别罢了。他不知道今天世界上的竞争，不在于国家怎样，而在于国民什么样；他不知道西方各国之所以能够解除派系、破除以前的习气、通过新政而富强的改革的动力都是来自下面，而不是上面，而这种动力能够出现的原因，都是因为有一两个能够提供强大动力的率先有觉悟的先行者，从而能够引导别人一起，形成改革的风气之后，再利用下层的力量，这样没有不成功的。李鸿章如果不知道这些，不忧虑是否能做到这一点就算了，既然已经知道了，也已经担忧了，凭着他的地位、他的声望，在朝廷上可以获得君心，从而指挥百官，在百姓中间可以制造舆论来鼓舞全国，只可惜李鸿章没有这样做。我这才说：李鸿章受人诟病，就在于他不学无术。所以说：他是被当时局势造就的英雄，不是可以造就时势的英雄。

不过，事情改变了，发生的地方也就变了；人换了，时代也会不相同。我们这些人生在今天这个时代，用这种大道理来要求李鸿章，我知道李鸿章一定不能接受。他所说的那些局外人的随口议论，不知道局内人的艰难，言语里仍让人感到心痛。按照《春秋》里“责备贤者”的说法，李鸿章的责任固然不能推辞，试问今天四万万中国人之中，具有Cast the first stone（投第一块石头）的资格的人又有几个呢？我虽然批评李鸿章，但是一定不能因为有那种死板的读书人，或者是一心想要占便宜的人被传统道德所束缚，或者是为眼前的形势所迫，而稍微宽恕他的罪过，不过也绝不能允许他们那些人跟着我乱说。总结起来，李鸿章不失为一个有名的英雄，他最不幸的是，全国这么大，竟然没有无名的英雄跟随他，因此他虽然有一些行动，也不能换来成功。我对于李侯爷的遭遇，感到十分悲痛。

从这章以后，李鸿章事业得意的历史就结束了，而他失意的岁月才刚刚开始。

第七章　中日战争时代之李鸿章

- 中日战事祸胎
- 李鸿章先事之失机
- 大东沟之战
- 平壤之战
- 甲午九、十月以后大概情形
- 致败之由
- 李鸿章之地位及责任

中国维新运动的萌芽，从甲午中日战争中产生；李鸿章积累的功勋和名声，在甲午中日战争中被淹没。真可惜啊！李鸿章在光绪十九年（一八九三年）七十大寿的时候生病了，生病却没有去世，突然遭遇这场变故，祸患和危机重叠在一起，一个接着一个，又经历了八年最艰苦最危险的特殊困窘和奇耻大辱的生活后才去世。老天啊，为什么在这个人的人生前半段对他是那么宠爱，却在他人生的后半段又给他那么多的困苦，对他如此残酷？我执笔写到这里，忍不住停止书写，长叹一声。

中日这场战争开始于朝鲜，推及这场祸患的开始，不得不说是李鸿章外交上遗留的遗憾。朝鲜本来是中国的藩属国，在同治十一年（一八七二年）的时候，日本和朝鲜有一些外交上的纠纷，日本派遣使者来到中国交涉，按理说朝鲜是我们的藩属国，他们的外交应当由我国说了算，这是在国际上公认的。但中国当局因为怕事，所以就回答说："朝鲜自己国家的政治，我们朝廷一向没有干涉，任凭贵国自己和他们交涉就好。"于是日本又派遣大使到朝鲜，在光绪元年（一八七五年）正月的时候，与朝鲜的君主签订和约，其中的第一条就是：日本认定朝鲜为独立的国家，与日本这个独立自主的国家拥有平等的权利。那是日本和朝鲜交涉的开端。光绪五年（一八七九年）的时候，英国、美国、德国、法国这些国家相继向朝鲜请求互相通商，朝鲜政府感到很惊恐，一时间犹豫不决。于是李鸿章写信函秘密地劝说太师李裕元，让他和各个国家立下约定，又上奏折说可以依靠这个来防御俄国人、牵制日本等等。光绪六年（一八八〇年）的时候，驻日本的大使何如璋给总理衙门写信，要求主持朝鲜外交，说中国应该在朝鲜设立一个办事大臣。李鸿章说如果暗地里对朝鲜进行保护，尚且觉得能够进退自如；倘若非常明显地代替朝鲜操持外交，不但朝鲜未必听我们的话，而且各国没准还要责备我们，万一到时候出现骑虎难下的局面，恐怕麻烦会甩不掉。光绪八年（一八八二年）的十月，侍读学士张佩纶又上奏请求派遣高官作为通商大臣前往朝鲜，处理他们的外交事宜。李鸿章的看法和先前的一样。这都是因为李鸿章对于"藩属国没有外交的资格"的国际公法不熟悉，只贪图一时的省事，说那是一个独立国家，用一些大道理来蒙蔽人，确实是千古的遗憾。从这之后，世界各个国家都不再把朝鲜当成是中国的藩属国对待了。光绪十一年（一八八五年），李鸿章和伊藤博文在天津签订条约，上面写明假如明天朝鲜发生事变，中国和日本两个国家想要派兵前去的话，必须先要让对方互相知道自己的行动。于是朝鲜又好像是中日两个邦国共同要保护的国家，这件事确实非常离奇，实在是不可思议。后来这两个国家各自说自己的道理，理不清楚，终于酿成了战争。然而这个祸端不得不说是由外交引起的，这是李鸿章第一大失误。

光绪二十年（一八九四年）三月的时候，朝鲜有东学党的叛乱，气势十分猖獗。当时袁世凯驻扎在朝鲜，作为办理商务委员。袁世凯是李鸿章的亲信，多次致电李鸿章请求派兵帮助围剿，还怂恿朝鲜国王去请求大清出兵援助。于是李鸿章在五月初一的时候派遣海军“济远”“扬威”两艘军舰赶赴仁川、汉城[1]保护商业，并且调直隶总督叶志超带着一千五百名淮军去牙山；同时遵照《天津条约》上面的内容，通知了日本派兵的消息。日本立刻也跟着派兵前去，到了五月十五日，日本军队到达仁川的已经有五千人。朝鲜政府非常惊恐，就请中国首先撤兵来给日本做个榜样。中国不答应，于是就去和日本反复商量一起撤兵的事情，那时候

① 汉城：今为首尔。

乱党已经解散了。日本既然已经发过来重兵，肯定是有进无退，于是就商议要和中国一起干预朝鲜的内政，帮助他们国家变法，双方以文字书信往来，言辞表达都很激烈，战争似乎迫在眉睫。

对于这场战役，在中国看来，是藩属国有了混乱，说一些好话来乞求援助，宗主国有帮助平定战乱的责任，所以中国才派军队过去。在日本看来，却是既然已经承认朝鲜为自由民主的国家，那么它和其他国家的地位是平等的，现在中国紧急派兵来帮助平定和它同样平等的国家的内乱，其真实意图不知道是什么，所以日本才派军队过来进行防备，这两个国家各自有各自的说法，都认为自己正确、对方错误，都能说出个所以然来，说的话好像都非常有道理的样子。但是其中也有值得怀疑的地方，当还没有发兵的时候，袁世凯多次致电说东学党十分猖獗，朝鲜朝廷绝不能自己摆平，后来朝鲜国王乞求中国救助的咨文，也是袁世凯指使的。为什么五月初一开始发兵，但是初十那天就已经有了乱党都被铲平的消息？当时我国军队还在路上，和乱党离得非常远，一点儿边都沾不上，就是说朝鲜战乱根本就不需要我们帮助他们剿灭贼寇。既然不需要清朝帮助围剿，而我们国家好端端地就发兵过去，怎么能不使得日本人怀疑？所以我们说错在日本，日本当然不能接受。曾经有人说袁世凯想要借着这场事端向上面邀战功，所以才故意夸大其词、无端生事，但是没有想到日本人紧紧跟在后面。果真如此，就是因为袁世凯的一念之私，使十多万的人民遭受了兵灾，毁坏了有着数千年的国体。袁世凯固然不能推卸责任，但是任用袁世凯，听信于袁世凯的人，难道不也要负用人不当的责任吗？这是李鸿章的第二大失误。

日本屡次和中国商议协助朝鲜变法的事情，但是我们就是不同意，中国屡次请求和对方同时撤兵，但是日本也不同意，李鸿章和总理衙门便开始天天希望俄国、英国出面来调停斡旋。北京、伦敦、圣彼得堡，他们的函件和电报来回传递，俄国、英国虽然也说一定会出一份力量，但是却暗地里希望能够获得渔翁之利。拖延了一段时间，战争准备还没做好。等到了五月下旬，日本的官兵调到朝鲜境内的已经有上万人了。本来平时的兵力就已经比不上人家，又在战争准备上落后，使得敌人占领了重要位置，主和客整个换了一个位置，因此两军还没有交战，胜负已经见了分晓。这是李鸿章的第三大失误。

三次失误之后，战争打响了。六月十二日，李鸿章奉朝廷的命令筹备战斗装备。于是就派总兵卫汝贵统领盛军马步六营进入平壤，提督马玉崑统领毅军两千人进入义州，分别从海道到大东沟登上岸，又命令叶志超的军队转移驻扎在平壤，这些都是淮军。所派过去的所有官兵，雇了英国商人的三个轮船分着运送，又让“济远”“广西”两艘战舰保护他们。二十五日凌晨被日本军队的军舰袭击，“济远”舰的管带方伯谦看到敌人接近，惊慌失措，非常恐惧地藏在甲板最厚的舱室，等到日本的大炮摧毁了他的船舵，就立即高高挂起投降的白旗，下面悬挂日本国旗，逃回了旅顺。“高升”号被击沉，我军死了七百多人。二十七日，郑重通告全国，下令驻日大使馆的大使汪凤藻把国旗撤下来回国。二十九日，牙山失守，叶志超退回到平壤，向朝廷捏造消息说自己打了胜仗，说在二十五、二十六、二十七日等这些天，多次作战歼灭了倭寇五千多人，朝廷下圣旨赏给军士两万两白银，因此得到提拔的军官有数十人。自此之后，北洋水师、淮军陆军的威望渐渐下降。

五月、六月的时候，日本的兵船聚集在朝鲜，来往的船只多得像织布的梭子。然而中国的军舰都躲避藏匿在威海卫，在海面上逍遥自在。等到有人参劾的时候，才开始假装派遣辅助的船只开出港口，有时候行驶三十里就停止，有时候行驶五十里就停止，总之从起航出港，过五六个小时就立刻把船开回去，然后立即致电北洋大臣，说某船在某个地方巡逻，并没有倭寇的踪迹等等。种种情形，又可笑又可悲。八月上旬的时候，北洋大臣处总是接到朝鲜前线的电报，请求派遣援军来壮大声威。北洋政府便租用轮船招商局五艘船，装载着官兵、银两和大米，用海军的军舰护送，铁甲船、巡洋舰各有六艘，水雷船有四艘，合成一支队伍，一起前进。八月十五日，安全抵达鸭绿江口。五艘运兵船直接进入鸭绿江，浅水的军舰、水雷船和他们一起进入，其他的军舰暂时在离鸭绿江十里或者十六里的地方驻扎，连锅炉里的煤火还没熄灭。十六日凌晨，从远处看见南方冒出缕缕黑烟，就知道是日本军舰快要来了，海军提督丁汝昌传令下去，让军舰排列成“人”字形，“镇远”“定远”两艘铁舰作为“人”字的顶端，“靖远”“来远”“怀远”“经远”“致远”“济远”“超勇”“扬威”“广甲”“广丙”以及水雷船排列成“人”字的两边，挂着号旗召集鸭绿江中的战船全部出来帮助战斗。过了一会儿，敌人的军舰渐渐靠近，排列成“一”字形，向中国军队猛烈扑去，一共是十一艘。敌人巡洋舰的速度超过了中国军舰，转眼间又变换成太极阵的队形，把“人”字包围在中间。我国的军舰先用重炮轰击敌人的军舰，但距离日本的军舰有九里那么远，没有击中也很正常。炮弹的声音还没消失，敌人的船只便蜂拥而至，与“定远”舰、“镇远”舰距离有大概六里，因为害怕强大的火力从而躲避炮弹攻击，在这个距离上，中国的炮舰射程不足，但是日本军队的炮弹已经能够打到了；日军距“人”字阵型的队尾两艘军舰比较近，欺负那两艘军舰小、装甲薄。不一会儿，日本军舰攻入“人”字形的阵脚，“致远”舰、“经远”舰、“济远”舰三艘军舰都被隔到了圈外。“致远”舰失去组织后，船身受了重伤，看样子都快沉了，“致远”舰管带邓世昌开足马力，向日本的军舰快速撞过去，想要和它同归于尽，还没有到达目标就全部溺水了，船上有二百五十个人同时殉难。大概整个中日战争死者里边邓世昌算是最壮烈的。其中同时被圈出来的还有“经远”

舰，军舰刚和大部队脱离，船上突然着起了火，管带林永升一面发射炮弹攻击敌人，一面激起水花来救火，好多事情依然做得井井有条。突然发现一艘日本军舰看上去好像受伤了，立刻加大马力追上去，但是被敌人的鱼雷攻击，没有来得及避开，被炸成两段，死亡的人数有二百七十人。战况实在太惨烈了！至于“济远”舰的管带方伯谦，就是在七月间护送高升到达牙山，途中遇到日本军舰后逃回旅顺的那个人，那天双方交战，方伯谦先挂上了本船已经受了重伤的旗帜，想要用这个来告诉舰队司令，但是因为想要逃跑的缘故，也被日本的军舰划出了圈外。“致远”舰、“经远”舰两艘舰和日本人拼命战斗，方伯谦放着这些不管，像一只丧家狗一样逃窜，于是误入了水浅的地方。当时“扬威”号已经搁浅在这里不能转动，“济远”舰撞到了它的身上，裂开了一个大洞，于是“扬威”号就此沉没了。“扬威”号遭到这个突来的撞击，死亡人数有一百五十多人。方伯谦受惊，简直害怕到了极点，飞快地逃入旅顺口。第二天，李鸿章致电下令抓住方伯谦，在军队面前就地正法。同样战争期间和方伯谦一样贪生怕死的还有“广甲”号军舰，它也逃出了阵型外边，不知道受伤没有，然而它只担心后面的追兵，根本不看前面的路，于是不小心撞到了礁石上面，被日本军队施放的鱼雷击沉。队列中“经远”“扬威”“超勇”都沉到了海里，“济远”舰和“广甲”舰逃了出去，和日本对抗的只剩下七艘军舰。这场战役，日本军舰虽然也有受重伤的，或遭到一点儿小损伤，但却没有丧失一艘军舰，然而我军丧失了一共五艘军舰。

海军在大东沟被打败的同时，陆军在平壤也战败了。平壤是朝鲜镇守的重要地方，西、南、东三面，都有大江围绕；北边枕着崇山峻岭，城墙依靠着山崖；城东边是滔滔江水绕过城南一直向西去；西北方向没既有山，也没有水，是直接到达义州的交通要道。我军的叶志超、聂桂林、丰升阿、左宝贵、卫汝贵、马玉崑六名将领，总共率领勇士和壮丁三十四个军营，于七月中旬会合齐聚在这个地方，他们都是李鸿章的部下。当刚从牙山出发时，副将聂士成就建议，应当趁着日本官兵没有进入朝鲜之前先发兵，首先出动大军渡过鸭绿江，迅速占据平壤，然后让海军舰队占领仁川的港口，这样就使得日本军舰什么也做不了了；牙山的驻军与北洋的海军一边牵制日本军队，另一边让在平壤的大批军队向南偷袭韩城，等等。李鸿章没有采用他的办法。等到了七月二十九日，牙山战败，这个方法就彻底告吹了。

日本军队进入朝鲜时，酷暑难耐，道路危险、狭窄又不好走，行军历经艰难险阻；又赶上沿途经过的村子贫困，不能从那里得到粮食。朝鲜人一向害怕我朝的威严，我军到达的地方的物品供给，只要我军一呼就可以得到，而他们对待日本军队则是相反的态度。所以敌人军队进攻平壤的时候，除了自己带的干粮外，无法从其他地方得到粮食，一勺盐都要吃好几天。在这种情况下，我朝军队如果知晓作战契机，趁着他们辛苦疲惫的时候，派出军队袭击他们，一定能获得胜利。但是我军偏偏没有采取此种策略，只想采用以主人的心态等待客人、以逸待劳的策略，仗着平壤的堡垒坚固，认为可以捍卫自己、抵御敌人，这是最大的失误。李鸿章在八月十四日的时候下令，这次战争的中心思想是防守而不是进攻，中日整个战争都被这个思想误导了。

当时按照李鸿章的部署，马玉崑所率领的四个军营的毅军绕过江东，形成犄角之势。卫汝贵、丰升阿两支部队，一共十八个军营驻扎在城市南边的江岸，左宝贵军队的六个军营驻守在北山城，叶志超、聂桂林两名将领留在平壤城中。十二、十三、十四日这些天，日本军队已经陆陆续续集结在平壤附近，两军经过几次小规模的战斗，但是彼此的伤亡都没有多少。到了十五日的晚上，敌人的部署已经确定好了，命令右翼军攻打大同江左岸桥里的大炮台，然后渡过江河去冲击平壤的正面，让师团长的队伍在他们后方准备支援；左翼军从羊角岛下来，渡过大同江，冲击我军的右翼。十六日的时候，敌军在大同江岸边和马玉崑的部队相遇，展开了一场激烈的战斗，敌军死伤非常多，炮台全都被攻陷。当时左宝贵撤退，驻守在牡丹台，有七连发的毛瑟枪，还有快炮等，战斗进行得十分激烈，敌军接连发射开花大炮，左宝贵负伤后不幸阵亡，官兵内部产生了很大的混乱。下午四点半，叶志超急忙悬挂起白旗，向敌军乞求停战。那一夜整个师的官兵纷纷开始撤退，在义州、甑山两处，被敌军拦截、追杀，死了足足有两千多人，于是平壤就被敌军占领了。

就是这场战役，李鸿章二十多年来训练的官兵，自夸善于作战的部队，基本上什么都没有了。中国军事力量废弛，这个事情本来很早就被外国人所了解。唯独淮军、奉军、正定训练官兵，一向使用洋人的操练方法，又是李鸿章一直苦心经营的，所以日本听到这些威名非常害怕；等到日本战胜之后，日本将领还一直说他们不是真正的淮军。淮军作战失败的原因，一是因为将帅愚蠢渎职，其中最过分的如卫汝贵，克扣军饷，自己临阵先逃；又如叶志超，战败了却假装打了胜仗，欺骗君主要求赏赐。任用这样的将领上前线去杀敌，怎么会不失败。还有一个原因是，统帅一共六个人，官职和权力都是一样的，没有一个人能够总统摄领的，所以军心涣散，彼此没有策应。这场战役是李鸿章用兵战败的开始，而淮军的名声也从此一落千丈。

训练了很长时间的官兵尚且情况这样，其他仓促招募来的新兵，不懂纪律，也不懂如何使用武器，更不用提了！自从平壤那场战争失败后，朝廷对战事的谋划就更加飘忽不定，这些军事责任不能全都怪在李鸿章一个人身上，所以我就不详细叙述了，仅仅罗列他们中一些重要的将帅：

一	依克唐阿	奉天将军	满洲马队	以光绪二十年八月派为钦差大臣
二	宋庆	提督	新募军	以光绪二十年派总统前敌各军
三	吴大澂	湖南巡抚	湘军	以光绪二十年十二月派为帮办军务大臣
四	刘坤一	两江总督	湘军	以光绪二十年十二月派为钦差大臣

其余的前后从军的部队，有承恩公桂祥（慈禧太后的胞弟）、副都统秀吉的神机营马步兵，按察使陈湜、布政使魏光焘、道员李光久、总兵刘树元、编修曾广钧、总兵余虎恩、提督熊铁生等率领的湘军，按察使周馥、提督宗德胜等率领的淮军，副将吴元恺率领的鄂军，提督冯子材率领的粤勇，提督苏元春率领的桂勇，郡王哈咪率领的回兵，提督闪殿魁新招募的京兵，提督丁槐率领的苗兵，侍郎王文锦、提督曹克忠奉旨团练天津的常胜军，还有某个蒙古的官员带领的蒙古兵。中间有的归李鸿章指挥，有的归依克唐阿指挥，有的归宋庆指挥，有的归吴大澂指挥，有的归刘坤一指挥，没有一定的归属，也没有统一的行动，有见识的人早知道这是一场根本打不赢的战争了。

九连城失守，凤凰城失守，金州失守，大连湾失守，岫岩失守，海城失守，旅顺口失守，盖平失守，营口失守，登州失守，荣城失守，威海卫失守，刘公岛失守，海军提督丁汝昌带着北洋残留下来的军舰向日本投降，于是中国的海防力量被全部摧毁。现在请允许我将李鸿章生前最重视、最用心经营的海军，重新列出一个表格来，以便大家感受那种穷途末路的情形：

经远	铁甲船	沉	黄海
致远	钢甲船	沉	黄海
超勇	钢甲船	沉	黄海
扬威	钢甲船	火	黄海

续表

捷顺	水雷船	夺	大连湾
失名	水雷船	沉	旅顺口外
操江	木质炮船	夺	丰岛冲
来远	铁甲船	沉	威海卫
威远	练习船	沉	威海卫
龙福	水雷船	夺	刘公岛外
靖远	钢甲船	沉	刘公岛外
定远	铁甲船	降	刘公岛中
镇远	铁甲船	降	刘公岛中
平远	钢甲船	降	刘公岛中
济远	钢甲船	降	刘公岛中
威远	木质船	降	刘公岛中

剩下的还有“康济”“湄云”用木头做成的小兵舰，“镇北”“镇边”“镇西”“镇中”四艘蚊子船，还有五艘水雷船、三艘炮船，在刘公岛海湾被损坏的或完好无损的船，大大小小一共有二十三艘，全都落到了日本人手里。其中还有广东水师的“广甲”“广丙”“广乙”三艘船，有的被打得沉到了水里，有的投降。从这之后，中国北部海面上数千里，几乎再也没有出现过中国舰队的影子。

中日两国战争之际，李鸿章成为众矢之的，人们几乎把他批评得体无完肤，人人都想杀了他。静下心来谈论这些，李鸿章确实有他不可推卸的责任。他最开始不知晓国际公法，误劝朝鲜和各国立约，这是过错一。既然已经允许朝鲜签订条约，就代表默认它是一个独立自主的国家了，但是后来又派兵干涉他们国家内部的战争，给人留下话柄，这是过错二。日本既然已经调派官兵过去，势必就是只会进去，不会撤退，李鸿章却不能抓住先机，而总想依赖其他国家的帮助来挽回这个局面，致使延误了时机，这是过错三。聂士成请求趁日本军队还没有来的时候，派兵直接攻打韩城来制服敌人，李鸿章没有采用，这是过错四。在“高升”号事件还没有发生之前，丁汝昌请示带领北洋海军率先攻打敌人的军舰，李鸿章没有采纳，使得敌人反客为主，敌人势力越来越大，而我军越来越危险，综合以上的原因，都是李鸿章不想由我方挑起战争所致，还只想用外交礼节来应付，却不知道当甲午年五、六月的时候，中国和日本早就成了敌对国家，再也不是友好的邦交国了，错误地用和邻国友好交往的策略来应对战争，这是过错五。李鸿章为自己解释说：仔细考虑我军的实力还不能够对抗日本，所以害怕挑起事端，因此才保持忍让的态度。如果是那样，李鸿章任职北洋大臣、训练军队、带兵打仗二十年了，为什么连一仗也打不了呢？这是过错六。李鸿章可能又要为自己解释说：政府阻碍牵制，经费不够啊。如果是那样，那也只不过是军队不能扩充兵力罢了，怎么连现有的部队，比如叶志超、卫汝贵这些部队，一向因为训练的时间长而被大家知道，也脆弱成这个样子呢？而且随意克扣军粮、强抢民女这些事情经常能够听到，如果军纪严格些就没有这些事情发生了，这是过错七。好多枪都是坏的，子弹是假的，或者是买的子弹和枪支不配套，火药不随枪械同时下发，要是说以前管理军械局的人都是廉明的，谁能相信这些话？这是过错八。平壤这场战役，军队没有统领的将帅，这是兵家特别忌讳的，李鸿章居然犯了这个错误，这是过错九。从头到尾坐着等待敌人来进攻，被人牵着鼻子走，却不能做到牵着别人鼻子走，害怕敌人像害怕老虎一样，这是过错十。海军竟然不知道使用军舰和大炮，这是过错十一。旅顺要塞，西方国家的人说派上百个官兵守着它，只要准备充足的粮食，三年都不能攻破，李鸿章把那个地方委托给自己的亲信，那人却怯懦贪生怕死，听到一点儿风声自己先逃跑了，这是过错十二。这些都可以算作李鸿章的罪过。但在甲午年九、十月之后，满朝的文武百官都随便乱出主意，如果所下的命令不能出自一个人，那么责任自然也不能都归结到一块儿，如果把那些都归于李鸿章一个人的过错，李鸿章当然无法接受。

又岂止是不能接受而已，我见过那些责骂李鸿章和怪罪李鸿章的人，他们本应该承担的罪责甚至比李鸿章多上几倍。在这场战争中，那些军队将领没有一个是不有愧于国家的，这个就不用多说了。然而在百步和五十步之间比较，那么海军的表现比陆军要优秀一些，李鸿章部下率领的陆军，又比其他的陆军要优秀一些。海军在大东沟的那场战役，双方激烈交战五个多小时，西方人看到这场战役也全都赞不绝口。虽然中间有像方伯谦那种败类（有的说方伯谦实际上是为了救火，保住那艘船，海军的战术就是那样），然而剩下的那些殊死搏斗的军舰，也可以相抵了，即使是日本海军也肃然起敬。所以日本军队在战争后这样觉得，只有海军中有对手，陆军都不是对手。等到了刘公岛那场战斗中，粮食吃完了，也没有增援的部队，有的投降敌人来保全生命，有的奉献自己的生命来保全气节。那些前前后后阵亡的人，有邓世昌、林泰曾、丁汝昌、刘步蟾、张文宣，虽然他们阵亡的地点不一样，但是他们都有男子汉的气概，令君子感到悲壮。上面那些人都是北洋海军里最关键的人物，相比之下是不是陆军里那些没心没肺的人，实在都不值得一提了？但是在平壤那场战役，仍然有左宝贵、马玉崑等连续两天激烈战斗的人，他们是李鸿章的部下，他们的士兵和敌人的死伤差不多。他们后来想要收复金州、海城、凤凰城等地，到防守盖平，和敌人几次激战，虽然最后战斗没有胜利，但是他们已经尽力了。主持大局的人其实是宋庆，也是李鸿章的老部下了。虽然这些还是不能抵偿叶志超、卫汝贵、黄仕林、赵怀业、龚照玙等人犯下的罪过，就算是这样，但拿这些和吴大澂的贴出规劝投降的告示，还没有和别人打仗全军就崩溃了相比，怎么样呢？比起刘坤一奉朝廷的命令出征，却停留拖沓了数月还不出发，怎么样？所以要说中国全部的军队都是非常腐败的可以，但要是把这些责任都怪罪到李鸿章的淮军头上是不行的。当时整个朝廷都充满了虚伪、骄傲的风气，认为只要杀了李鸿章一个人，就可以把这些事都解决掉，大家就能重新过上好日。那些道貌岸然、指手画脚的官僚绅士有着气吞东海、话语可以震撼三山的气势，尤其是湖南人的气焰最为嚣张，还提出了重新起用湘军的建议。现在看这个结局，还不如淮军。唉！那些说话的人都应该感到羞愧。我之所以说了这些话，并不是要为淮军和李鸿章辩护。我在中国和日本之间的这次战争上的看法，一丝一毫都不能为李鸿章宽恕淮军，但是特别讨厌那些虚张声势、骄傲又嚣张的人，他们完全没有责任感，只会站在别人的身后，随意指责别人的毛病，拿来当作茶余饭后的谈资，从来都没有深深思考过改变现状的方法，实际上这些人才是促使国家灭亡的人。李鸿章确实应该被指责，但那些人是有资格指责李鸿章的人吗？

在这场战争中，李鸿章确实犯下了很多错误，但即使他没有犯下那些错误，战争也一定没有幸运胜利的道理。自从十九世纪下半叶以来，各个国家之间的战争，胜利和失败都能够在还没有开战之前就已确定，这是为什么呢？世界的发展越来越趋近于文明社会，则优胜劣败的结果也更加确定。实力在谁那边，那么胜利就在谁那边，一点儿改变的办法都没有。无论是政治、学术、商务，没有一件事不是这样的，军事战争只是其中的一个方面而已。日本这三十年以来，都在苦心经营自己的军队，君臣上下齐心，带着这样的信念，训练出了这支有纪律、敢拼命的强劲的军队，孤注一掷来和我们拼命，如果不是非常自信的话哪敢这样呢？所以等到他失败了，然后才知道他之所以失败的原因，这样的人就是愚笨的人；又或者那些都等到最后失败了还不知道致使自己失败的原因的人，这样的算得上是死人了吧。然而只怪罪李鸿章一个人，怎么可以这样呢?

西方报纸评论说："日本并不是和中国战斗，实际上是和李鸿章一个人在战斗。"这种言语虽然说得有些过分，而实际情况差不多也就是这样。没看见各个省份的那些封疆大臣，只知道固守着自己的范围，好像这些事就只是直隶、满洲的私事而已，这里面有出一分钱，派一个兵进行援助的吗?即使有，也只是说说空话而已，还有发生的最可笑的事是，刘公岛投降的那场战斗，当事者竟然给日本军队写信说，请求把"广丙"号这艘船返还，信中说，这艘军舰是属于广东水师的，这次战役和广东水师是没有关系的等等这些话。各国人士听到了这件事，没有不笑话他们的，而他们却不知道这种话实际上就代表了各省封疆大吏真实的思想和想法。如果是这样的话，日本确实是在和李鸿章一个人战斗。靠自己一个人来和一个国家对抗，李鸿章啊李鸿章，你虽然战败了，但还是豪杰。

从这以后，李鸿章在军事上被人敬仰的声誉彻底终止，而他外交上新的困难就从这里开始了。

第八章　外交家之李鸿章（上）

- 天津教案
- 法越之役
- 中日天津条约
- 议和日本
- 停战条约及遇刺
- 中日合约及其功罪

李鸿章被外国人非常看重是因为外交，李鸿章被中国人责骂也是因为外交。要是我们来看李鸿章的平生，其实一半都属于外交生涯。如果想要评判和断定他的功罪，不能不把外交作为研究的最重要的事情，所以我在这些事情上特别留意了一下。

李鸿章从事外交方面的事情，是从天津教案开始的。当时正是太平天国和捻军刚刚被扫平的时候，内忧刚刚被消除，好端端的却有天津的居民杀传教士、焚烧法国的领事馆这件事兴起（同治九年，即一八七〇年）。法国人借着这个事端来要挟，联合英国、美国逼迫中国政府，他们的要求相当过分。曾国藩那时候刚刚担任直隶总督，他深刻分析这件事后觉得是我们理亏，但是各国准备借此机会谋取利益的手段，我们又是无法应付过去的，于是便一直和他们周旋，镇压了天津人民，杀了八个人，给二十几个人定下了罪。但是法国人贪婪的心还是没有得到满足，一定要向中国索取很多的赔款才行，并且还要对天津的知府知县给予重法处置。曾国藩要对付西方人，已经精疲力竭，在朝廷中又被京师的顽固势力抨击，被他们叫作卖国贼（京师的湖广会馆把曾国藩的牌匾拆下来烧掉，就是这个时候），弹劾他的奏章一封接着一封，全国上下的人都想杀了他。通商大臣崇厚害怕事情越闹越大，请求朝廷罢免曾国藩，而让李鸿章接替他的位子，朝廷下旨催促李鸿章马上赴任。这件事是李鸿章成为外交方面的重要人物的开始，当时是同治九年的八月。

那时候的李鸿章就好像天之骄子一样，一路走得顺风顺水，扬起风帆就可以一天行走千里，老天好像是专门给他设立了一个位置，让他可以成就功名。当他刚开始被任命为直隶总督的时候，普法战争刚好爆发，法国人惊慌失措地自救，其他的什么都顾不上了，而欧美各国也奔走相告，留着大汗，喘着粗气，来一起研究西方的重大问题，对这些东方的小问题就完全顾不上了，或者想仓促解决掉，于是天津教案这一事就好像变得若有若无，他们都不在意了。那时候的中国人没有一个是知道整个世界大局势的，就连普法之战这么惊天动地的大事都能够熟视无睹，还以为是李鸿章的声望和韬略在起作用，都认为他比曾国藩强出万倍，于是李鸿章的身价马上暴涨。

天津教案这件事以后，日本发动战争以前，李鸿章所办理过的和外国交涉的事情总共有十件，而其中最重大的，就是法国安南战争、日本朝鲜战争。光绪八年（一八八三年）的时候，法国在越南地区挑起事端，虎视眈眈，贪婪地注视着那里，急于攫取利益。他们已经和中国签订好了和约，却又想要借着其他事端撕毁和约。于是就发生了中法战争。法国水师提督格鲁比预先设定的作战方略是：他们的海军先抢夺海南，然后再占领台湾，直接攻下福州，歼灭我军的舰队；他们的陆军则从越南北圻那边越过来，出击云南、贵州，这样的话，海军和陆军两方面一定会有很大的收获，到时候法国在东南亚的权利应该就可以赶上英国了。于是格鲁比一方面致电自己国家，请求供给军队需求，增派军队，一方面趁着福州放松戒备的时候，轰炸我们的造船厂，毁坏我们的军舰，一方面又派遣陆军在河内集结。当时中国南方那片天地，十分有风云惨淡的景象，于是李鸿章就采取伐谋伐交的策略，利用英国、德国来牵制法国人。当时曾纪泽刚刚担任驻英国大使，就接受任命来办理这件事，虽然最后事情没有办成，但是法国政府因为这件事而有一些顾忌，请求派遣增援军队和筹集军饷的议案在议院被否决。格鲁比当时正在攻打台湾的淡水，没有办法攻占越南的陆军又被黑旗军牵制住，不能自由实施自己的军事计划，忽然接到这个议案被否决的回复，格鲁比几乎愤怒到了极点，于是法国人就向我方军队请求和解。在经过这场战役之后，李鸿章的外交手段开始被欧洲人关注了。

法国这件事正棘手的时候，又有了朝鲜的京城里发生袭击日本大使馆的事情，中国军队和朝鲜军队都准备行动。朝鲜作为中国的藩属国为了实现自主，与中国和日本两个国家抗争了很久，纠纷还没有平息，日本趁着我们国家发生很多事的时候，就派伊藤博文来天津交涉。但是他刚到的时候，法国和中国要和解的局势已经确定，李鸿章身上本来就有一种自大的性格，今天看到像虎狼一样的法国尚且服服帖帖地乖乖求和，这么一个小小的日本，他们又能有什么大作为呢？所以等到伊藤博文来的时候，李鸿章用极其傲慢的神情和态度对待他。那个伊藤博文和张荫桓、邵友濂商量和解的时候，私下里对伍廷芳说，以前在天津和李鸿章见面的时候，李中堂当时的威严至今想起来仍然心存余悸，这是他在得意的时候仍不免流露出以前的遗憾和芥蒂。伊藤博文的这趟中国之行，也没有顺利达到他的预期，仅仅和中国约定好了，以后朝鲜有事发生，甲国要是派兵前往朝鲜，必须先和乙国商量一下，让乙国知道而已，那就是所谓的《天津条约》了。万万没想到，这个条约还是成了中国和日本两国发生战争的导火线。

李鸿章和朝鲜之间的外交有很多失策的地方，在前面的章节已经说过了。然而因为这个缘故，《天津条约》才逐渐演变成了《马关条约》。呜呼！庄子有一句话："其作始也简，其将毕也巨。"善于下棋的人对于看似无关紧要的几步都不肯轻易放过，后来再有赶上这个局面的人一定要多加小心。战争持续到甲午年冬天的时候，中国人舍弃抗争，想求和解，除此之外，也没有别的更好的办法了。正月的时候，中方派遣张荫桓、邵友濂去和日本人谈和解。日本人认为来的人没什么地位，说话也没什么分量，所以拒绝了他们的请求，于是朝廷重新派遣李鸿章去。二月的时候李鸿章就去了，随行的还带了参赞李经方等人。他们在二月二十四日抵达马关，和日本的全权大臣伊藤博文、陆奥宗光展开谈判。第二天先讨论停战的条件，日本人首先提议用大沽、天津、山海关三个地点作为交换条件，辩论了很长时间，双方都丝毫不肯退让，于是就重新提议暂时搁置停战条件，直接讨论和约。伊藤博文说："既然这样的话，你们必须将停战的纲要撤回，以后不许再提这件事。"他们两人还在僵持，最后的商量结果还没有决定。二十八日，第三次会议开始召开，李鸿章在回下榻处的路上突然遇到了刺客，被枪击中了左脸，子弹打进了他左眼睛的下面，他好几次都要昏厥。听到这个消息后，来问情况的日本高官络绎不绝，伊藤博文、陆奥宗光也亲自来李鸿章这里慰问，恭恭敬敬地谢罪，担忧的心情写在脸上。日本天皇和全国上下的大臣以及子民，都对此深深哀悼，所以就同意在中国之前提出来的停战节略上画押。用言语不能争过来的东西，通过一个枪伤就得到了。于是停战的事这才稍稍有了眉目。在李鸿章刚被刺客射伤的时候，日本天皇派来御医和军医来检查李鸿章的病情，那些医生都说应该取出枪子，伤口就能够自己慢慢恢复，但必须静养一段时间，不能再劳神费心。李鸿章慷慨地说：“国家现在正处在艰难的时刻，和解的局面必须促成，一刻也不能耽误，我怎么能因为这点小事耽误国家呢？”李鸿章宁愿死掉也不要取出子弹。遇刺的第二天，有人见到他的血流满了身上穿的袍子，他说：“这血是用来报国的！”李鸿章的眼眶噙满了泪水，说：“既然我舍弃自己的性命后对国家有好处，这有什么不能做的呢。”他慷慨、忠诚的气节，让君子敬佩。

李鸿章遇刺后，朝廷降旨慰问，上面派李经方代理全权大臣，然而实际上还是李鸿章掌握实权，一切事情都是他自己说了算。虽然被子弹射伤了，躺在床上不能起来，他仍然用嘴表达着自己对每件事的意见，太医们都为他感到忧虑。三月初七那天，伊藤博文等人把他们拟定的和约底稿拿来。十一日的时候，李鸿章准备回复的文件。他把条约综合其中的大纲，分为四款：第一是朝鲜自主，第二是割地，第三是赔款，第四是通商权利。除了第一个“朝鲜自主”外，剩下的都极力反驳。十五日的时候，又另外拟定了一个和约底稿送了过去，即拟定赔偿兵费一万万两白银，割给他们奉天南四厅县的地方等。日本同样也每一条都驳斥回去。十六日的时候，伊藤博文等人又准备了一个修改后的定约稿寄了过来，跟之前的和约相比要求稍微降低了一些，差不多就是《马关条约》的大概内容了。当时李鸿章的伤已经差不多痊愈了，于是又去春帆楼和日本的全权大臣当面协商，他反复和对方磋磨，但是日本丝毫不肯让步，最后只能声明如果能够在三年内还清赔偿的钱款，那么就都免除利息，至于在威海卫驻扎的军费，要减免一半。现在把《马关条约》的全文列在下面：

大日本帝国大皇帝陛下和大清帝国大皇帝陛下，为了订立和约，使两国还有两国的大臣百姓重新过上和平的生活，共同享有幸福，并且杜绝将来再次产生争端，大日本帝国大皇帝陛下特意下诏大日本帝国全权办理大臣、内阁总理大臣、从二位勋一等伯爵伊藤博文，大日本帝国全权办理大臣、外务大臣、从二位勋一等子爵陆奥宗光，大清帝国大皇帝陛下特意下诏大清帝国钦差头等全权大臣、太子太傅、文华殿大学士、北洋通商大臣、直隶总督、一等肃毅伯爵李鸿章，大清帝国钦差全权大臣、二品顶戴、前出使大臣李经方，为全权大臣，他们在这里校阅所奉的谕旨，认定这些都确实属实，没有掺假，双方会面共同商议签订各项条款，列出如下：

第一款　中国承认朝鲜国为独立自主的国家，尊重其领土和主权完整，所以凡是有损其独立自主体制的，比如该国向中国进贡等事情，从此以后全部都要废除。

第二款 中国将下列地方的管理权和该地方所有堡垒、军器工厂，以及一切属于公共的物件，永远都让给日本。

一、下列划界以内的奉天省南边地方，从鸭绿江江口，沿着此江一直到达安平河口，又从此河口，划到凤凰城、海城一直到营口结束，折线以南的地方，所有的城市、乡镇都包括在划界线内，这条线到了营口的辽河后，顺着河流到海口为止，彼此以河中心为分界，辽东湾东岸和黄海北岸，在奉天所属的岛屿，也一并都在所割让的地方内。

二、台湾全岛和所有附属的各个岛屿。

三、澎湖列岛，即英国格林尼治东经一百十九度起，至一百二十度为止，北纬二十三度起，到二十四度之间的所有岛屿。

第三款 前款所记载的，以及本条约附带的地图所划的疆界，等到本和约批准生效之后，两国应该分别选派两名以上的官员，为共同划定疆界委员，实地去勘察，确定划定的界线。如果遇到本和约所订立的疆界，和地形或治理相关的，有障碍或者处理不便等情况，各委员等应当妥善地参考商酌之后再重新确定。两国所派遣的委员，应当迅速办理界定的事务，规定日期是从接受委任之后，限制在一年内完成。如果委员们有重新更定划定界线的情况，那么两国政府在还没有经过认准之前，应该根据本和约所划定的界线为准。

第四款　中国约定将国库白银二万万两交给日本，作为赔偿的军费。该款项共分作八次交完，第一次五千万两，在本和约批准互换后的六个月之内交清；第二次五千万两，在本和约批准互换之后的十二个月内交清，剩下的款项平分为六次，递年交纳。其中的规则列在下面：第一次平分逐年之款，在两年内交清；第二次在三年内交清；第三次在四年内交清；第四次在五年内交清；第五次在六年内交清；第六次在七年内交清。这里面的年度划分都按照本和约批准互换之后开始算。第一次赔款交清后，没有交纳上的钱款，应该按照每年加百分之五的利息，但是无论什么时候，中国应该赔偿的钱款，是分期缴纳，还是要一次性全部交清，都听中国自己的安排。如果从条约批准互换那天开始，三年之内能够全数清还，除了将已经支付的利息，或者两年半，或者不到两年半，在应该支付的本金扣还之外，剩下的仍然全额免除利息。

第五款　本约批准互换之后，限定在两年之内，日本准许中国割让地内的地方人民、希望迁出去的中国人民，随便任意变卖所有的财产，离开割让地；但是期限满了之后，还没有迁徙的人，都应该看作日本的臣民。在本约批准互换之后，两国立即分别派遣大臣到台湾，限于本约批准互换后两个月之内交接清楚。

第六款　日本和中国两国之间的所有约章，因为这次战争，以前的全部自动废除。中国应该等到本约批准互换之后，迅速派遣全权大臣和日本所派的全权大臣会合，共同订立通商行船的条约，还有陆路通商的章程。其中两个国家新订立的约章，应该以中国和西方各国现在实行的约章为主。本约批准互换的那天开始，新订的约章还没有实行之前，所有日本政府官吏臣民，和商业、工业、交通等方面，都要取得最惠国待遇，所有的礼遇，中国不得怠慢。中国约定应当将下列条款，从两国的全权大臣画押盖印的那天开始，六个月后，就可以照办了。

第一，除了现今中国已经打开的通商口岸之外，应该准许添设以下各处为通商口岸，以此方便日本臣民往来、居住、从事商业工艺制作。所有添设的口岸，应该都照着以前开设的通商海口或者以前开的内地镇市章程一体办理，应得的优待和利益等也应当一律享受。通商口岸有：一、湖北省荆州府沙市；二、四川省重庆府；三、江苏省苏州府；

四、浙江省杭州府。日本政府可以派遣领事官在各个开放口岸驻扎。

第二，日本的轮船可以驶入这些口岸，附搭乘行客，装运货物。一、从湖北省宜昌溯长江以至四川省重庆府；二、从上海驶进吴淞江以及运河，以至苏州府、杭州府。日本和中国两国在没有商定行船章程以前，上述各开放口岸行船依照外国船只驶入中国内地水路现行的章程照行。

第三，日本的臣民在中国内地购买的货物，或者是自己产的物品，或者是将进口的商货运到内地的时候，想要暂时存到货栈，除了不需要交纳税款、摊派一切的费用外，可以暂时租用栈房存货。

第四，日本臣民可以在中国通商口岸的城市任意从事各项工艺制造，也可以将各项机器随意装运进口，只缴纳所签订的进口税。日本臣民在中国制造的一切货物，在内地的运送税、内地税、钞课杂派，以及在中国内地寄存，应该按照日本臣民运送到中国的货物一体办理，至于应该享有的优待和豁免的，也应该享有。

此后如果有因为此事增加章程条约的，即记载到本条款所称的“行船通商条约”内。

第七款　日本军队现在驻守在中国境内的，应该在本约批准互换之后的三个月内撤回，但必须按照下一款所规定的办理。

第八款 中国为了保证能认真实行条约内所订条款，须允许日本军队暂行驻扎在山东省威海卫。等到中国将本和约所订的第一、第二两次赔款交清，通商行船约章也经批准互换之后，中国政府与日本政府确定周全妥善的办法，将通商口岸的关税，作为剩款和利息作抵押，日本就可以允许撤回军队。倘若中国政府不立即确定抵押的办法，那么没有交清末次赔款以前，日本仍然不允许撤回军队；但是通商、行船约章没有未经批准互换以前，即使交清了赔款，日本仍然不撤回军队。

第九款 本约批准互换之后，两国将把手中的所有俘虏，尽数交还给原来的国家。中国对于日本所归还的俘虏，不许进行虐待，或者是按罪行处置；中国将认为是军事间谍而逮捕的日本臣民，应该立即释放；并约定此次战争期间，所有和日本军队有联系的中国臣民，一概给予宽恕，并且命令有关部门不能擅自逮捕他们。

第十款 本约批准互换日起，应该止兵不动，停止战争。

第十一款 本约奉大日本帝国大皇帝陛下和大清帝国大皇帝陛下批准之后，定于明治二十八年（一八九五年）五月初八日，即光绪二十一年

（一八九五年）四月十四日，在烟台互换。

看李鸿章此次议和的情况，好像春秋时代齐国的国佐出使晋国，一八七〇年法国的梯也尔出使普鲁士。当战马压境时，只能说些忍气吞声的言论，旁观的人看了都觉得非常辛酸，更何况李鸿章这个亲历其中的人！回首十年前天津定约时候的意气风发，好像就是昨天刚做的一场梦一样。嗟乎！应龙落到井中，蚂蚁都能困住它；衰老的好马趴在马厩里，连劣马都耻笑它。天下志气沮丧的事，还有超过这个的吗？在那个时候，即使有苏秦、张仪的口才，也没有办法使用；即使有战国的勇士孟贲和夏育的力量，也没有办法施展。除了说些卑微的字眼乞求怜悯之外，还有什么别的办法吗？有人把和议的迅速成功看作李鸿章的功劳，这也是不对的，即使没有李鸿章，日本也会和解的。还有好多人因为李鸿章犯了一些错误，就认为他是秦桧、张邦昌那样的人，那么为什么不思考一下如果说这话的人处在李鸿章的位置上，他们的结局又将会是什么样的呢？所以说，李鸿章在谈判中既没有什么功劳，也没有什么罪过。他的外交手段，也是英雄无用武之地。平心而论，要说李鸿章的误国，在于前面的章节所列举的那十二件事，而此次和议，不过是那十二件事的结果，没有必要再去详细评论了。

第九章　外交家之李鸿章（下）

- 三国代索辽东
- 中俄密约
- 李鸿章历聘欧洲
- 任外交官时代
- 胶州之役
- 旅顺、大连、威海、广州湾、九龙之役
- 李鸿章出总署

十九世纪末，出现了中东革命，犹如十八世纪末，有法国大革命一样。法国大革命创建了十九世纪的欧洲，中东革命打开了二十世纪的亚洲。就好像是太阳该升起来了，公鸡会先打鸣；风雨马上就要来了，月亮会先泛出月晕；在事情发生之前，有识之士就能够预先知道。当中国和日本还没开始打仗时，欧洲人和中国人的关系，只不过是传教、通商这两件事；而战争过后的数年间，他们之间关系的紧密程度，和以前相比突然增加了很多倍；到了今天，看中国人的一举一动，都像是和欧洲人紧密相连，想分都分不开了。这个事情发生的一半原因在于治理国家内部的人没有好好处理政事，另一半是因为外交上没有谋略。看一下中国近十年来的外交历史，不禁让人用袖子遮住自己，泪流满面。

在战争开始之前，中国请求英国、俄国帮助调停，这实际上是引导别的国家干涉我国的开始。那时候日本人经常说这是东方自己的事，希望我们两个东方国家自己解决，没必要让其他国家参与其中。那时候我国政府已经蓄积了很多的愤怒，不愿意接受这一建议，只想借助于欧洲人的力量来胁迫日本。俄国大使回复中国说，“俄国一定出力，但是现在还不是时候”。从这里就能看出他们一直处心积虑，等待让他们阴谋得逞的时机，他们本来就早有打算了。乙未年三月，李鸿章将要出使日本，走之前先和各国公使进行了一次有目的的会谈。俄国大使喀希尼说：“我们俄国能够出很大的力气攻击日本，保全中国的疆土不受侵犯，但是中国必须用军防上和铁路交通上的利益当作给我们的报酬。”于是李鸿章才和喀希尼私底下互相约定，在俄国的大使馆里秘密商议了好多天。欧洲的势力渐渐发展到东亚，就是从这里开始的。

当时想要借助于欧洲的势力来抵抗日本的中国人，不只李鸿章一个人，还有比他更厉害的。张之洞当时任两江总督，致电上奏反对议和，说“如果把贿赂日本的财物转向贿赂俄国，那么我们所损失的都不到一半，这样就可以转败为胜，恳请命令总署以及出使大臣，和俄国商定秘密条约，如果他们肯帮助我们攻打日本，胁迫日本把那些条约废除，就酌情考虑划分一些新疆的土地当作给他们的酬劳，允许他们来推广商务。如果英国肯帮助我们，那么也给他们相同的报酬”，等等。这就是当时所谓的外交家，他们的眼光手段，大概如此，我们也只能叹气了。

《马关条约》签订还不到一个月，俄国就和德国、法国合起伙儿来商议要逼迫日本还给我国辽东的这件事。俄国人替我国取回辽东，并不是为我们考虑，而是为他们自己考虑。他们把这个地方看作自己的势力范围，每天都在垂涎这块地方，所以绝对不能让日本人酣睡在本来应该他们下榻的床上，所以就让我们国家用三十兆银两从日本人的手里把辽东买回来先是卖给我们一份大人情，然后再慢慢地收取回报。俄国人外交手段的巧妙，真是太不可思议了！而李鸿章这一生关于误国的过错，大概没有比这件事更大的。李鸿章外交的生涯，实际上就是一段失败的生涯。

归还辽东的事情完了之后，喀希尼立即要将这之前和李鸿章私下里约定的内容，以公文的形式向总理衙门请求兑现。这件事引起人们议论纷纷，皇上龙颜大怒，罢免了李鸿章的职务，只保留一个大学士的虚衔，于是喀希尼暂时放缓他的请求，等待时机。丙申年春天的时候，俄国皇帝加冕，各个国家都派地位最高的大使前往祝贺。中国也遵照这个制度派遣，因为王之春曾经是充唁使，所以这次去祝贺的使臣就派他去了。喀希尼对此表示反对，说：“皇帝加冕，这是俄国最重要的典礼了，所以这次前来祝贺的人，必须是这个国家里最著名的人，在列国中都享有盛誉的才可以。王之春人微言轻，不能担当这个任务。可以胜任的人，只有李中堂本人。”中国这才改派李鸿章作为头等公使。喀希尼又贿赂慈禧太后，威逼利诱，说归还辽东半岛这件事，必须要给予报酬，请授予李鸿章全部的权力来讨论这件事。李鸿章请训的时候，太后召见他，谈了足足有半天的时间，一切联合俄国的秘密的谋划就都定下来了。

李鸿章抵达俄国首都圣彼得堡的时候，便开始和俄国政府讨论喀希尼所拟定的条约的底稿。随着加冕的日期越来越近，就前往俄国以前的首都莫斯科，然后将议定书画押。在他们开始讨论条约草稿的时候，俄国人为了避开外国的眼球，不派外交大臣去和李鸿章他们讨论，而让户部大臣负责办理，所以就在辉煌的盛大的典礼开始，万国宾客齐聚一堂的时候，使用“明修栈道，暗度陈仓”的计谋。这件事是一件关系到世界全局的事情，居然几天内在宴会之间就决定好了。俄国人外交手段的剽悍和迅速，真是令人又羡慕又害怕呀！当时是丙申年的四月。

秘密合约的办理和签订过程十分机密，除了中国和俄国两国当时在场的人之外，几乎没有一个知道的。但是上海的《字林西报》竟然在李鸿章从俄国回来前，就得到了这个密约的全文，翻译录入后刊登在报纸上，听说好像是他们用重金从俄国宫廷内侍那里买来的。它的全文如下：

大清国大皇帝之前，即在中日战争之后，因为承蒙大俄罗斯大皇帝仗义帮助，并且愿意将两国的边疆和通商这些事变成对两国都有利益的事妥协商定，来巩固两国的友好关系，所以特地派大清钦点的督办军务处王大臣为全权大臣，会同大俄罗斯国钦差出使中国的全权大臣一等伯爵喀希尼，在北京商定，将中国东三省的火车道接连到俄国西伯利亚省的火车道，以此希望两国的通商往来能够更加方便快捷，沿海的边防能够牢固，并且商议专门的条约以此来报答俄国帮助索还辽东等地方的情义。

第一条 最近俄国的西卑里亚火车道竣工在即。中国允许俄国将这条火车道一方面由俄国的海参崴埠连续造到中国吉林的珲春城，再向西北连续修到吉林省城为止；一方面由俄国境内某个城市的火车站接着续修到中国黑龙江的瑷珲城，又向西北连续修到齐齐哈尔省城，再到吉林伯都讷地方，再向东南连续修到吉林省城为止。

第二条 凡是续修进中国境内黑龙江和吉林的各个火车道，都由俄国本国自己筹备资本，火车道的一切章程，也要依照俄国火车章程，中国不能插手。至于它们的管理权，也暂时都归俄国，以三十年为期限，过期后，准许由中国筹备资本，估算价格，把这些火车道和一切火车、机器厂、房屋等赎回去。至于怎么个赎回法，等以后再进行妥善的商酌。

第三条　中国现在有的火车道，打算要从山海关开始连续修到奉天的盛京城，由盛京接到吉林。倘若中国日后不方便及时修造这条铁路，要同意由俄国准备资金由吉林省城代为制造，以十年为期限赎回。至于铁路应该由哪条路开始修建，都按照中国已经勘定好的道路两端延伸到盛京和牛庄等地方为止。

第四条　中国所打算续造的火车道，自奉天开始，一直到山海关、到牛庄，以及东西方向到金州、到旅顺口以及到大连湾等处，都应该仿照俄国的火车道的宽度建设，以此来期望中国和俄国彼此来往通商的便利。

第五条　以上俄国自己修造火车道所经过的各个地方，应该得到中国文武百官的照常保护，并且应该优待火车道各站的俄国文武百官以及技工等。但是因为这条火车道所经过的地方大半是荒远偏僻的，还恐怕中国的官员不能随时都保护得十分周详，应该准许俄国专门派马步各兵数队驻扎在各个重要的站地，以此来妥善地保护商务。

第六条　火车道修成之后，两国彼此运进的货物，它们的纳税章程，都要准许按照同治元年（一八六二年）二月初四中俄陆路通商条约缴纳。

第七条 黑龙江以及吉林长白山等处地方所产的五金之矿，一向有禁例，不准开挖。自从这个约定后，准许俄国以及本国的商人和百姓随时开采，只是必须要先行禀报中国的地方官员并且领取许可证，并且要按照中国内地的矿务条程，才能够准许开挖。

第八条 东三省虽然有新练陆军，但是大半个军营仍然还是按照以前的制度方法办理，倘若日后中国想要将全省军队都改为西式训练，要准许向俄国借调熟悉营务的军官来中国整顿这一切，其中的章程和两江所请的德国的军官管理办法一样。

第九条 俄国向来在亚细亚洲没有周年都不结冰的港口，一旦在该洲有军务的话，俄国的东海以及太平洋的水师，行动会有很多的不方便，不能够随时航行。今日中国鉴于此种情况，情愿将山东省的胶州地方暂时租给俄国，以十五年为一个期限。其中俄国所修建的营房、栈房、机器厂、船坞等，准许中国在期限时间满后估算价格，准备资金收购回来。但是如果没有军务上的紧急，俄国不能够在那里屯兵占据要领，以免遭到其他国家的怀疑。其中租赁的钱，应该如何处理，以后会另有附条商酌讨论。

第十条 辽东的旅顺口以及大连湾等多处地方，

原来就是险要的地方。中国极应该迅速整理这里的各项事务，以及修理各要塞的炮台，以备不时之患。既然签订了这个合约，那么允许俄国将这两处地方一起保护，不允许其他国家侵犯。中国也应该承诺，将来永远不能让其他国家占据。当俄国突然有军事事务时，中国要允许将旅顺口以及大连湾等地方，暂时让给俄国海军和陆军驻扎，以此方便俄国军队的进攻和防守。

第十一条　旅顺口、大连湾等地方，如果俄国没有军务上的危机，就由中国自己管理，与俄国没有关系。只有东北三省的火车道，以及挖掘五金矿这些事务，准许换约后某一时刻根据情况施行，俄国的文武百官以及商人百姓等所有人的所到之处，中国的官员理应格外优待和保护，不能够阻止他们到各个地方游历。

第十二条　这个合约奉两国的御笔批准之后，各国将条约照行，除了旅顺口、大连湾以及胶州这些条款外，全部通知各个地方官遵照。将来换约，应该在哪个地方，再另行商酌和议论，自画押之日起以六个月为期限。

中国和俄国秘密签订条约以前，中国的形势是一种局面，中国和俄国秘密签订条约以后，中国的形势又是一个局面。近些年以来，列国从中国取得的权利都是新型的，一是说借租地方，二是说某个地方不许让给别的国家，三是说代为修造铁路，而这些事情的开端都是从这个密约开始的。其中第九条借租胶州湾，从这之后，胶州、威海、广州、旅顺、大连也就都开始了。其中的第十条旅顺、大连不许让给其他国，这是各国势力范围划分的开始。而铁路的修建，也断送了清朝祖宗的这一发祥地。西伯利亚大铁路的迅速建成，成为各国觊觎中国、相互纷争的开始，本来就没有什么好争论的了。呜呼！牵一发动全身，就算是把九州的铁都聚到一起，也不能铸成如此大错。我对于这个举措，实在是不能宽恕李鸿章了。

有的人说：这个密约是由太后主导的，督办军务处王大臣支持的，并不是李鸿章的本意。可是，莫斯科的草约是在谁的手里签订的呢？这些本来就是无论何时也无法隐讳的。自从这个约定的原文刊登在报纸上后，各国的报馆纷纷发来电报，相信和怀疑的都大有人在，无论是政府，还是民间，没有不惊心动色的。李鸿章游历欧洲的时候，各个国家交相来询问他，他只是一味地支支吾吾和搪塞而已。那一年的七月，在莫斯科画押的草约到达了北京。喀希尼直接拿着它去和总理衙门交涉，皇上和总理衙门都不知道这件事，异常地惊愕和愤怒，坚决不肯答应。喀希尼又去贿赂太后，说了一些好话，也说了一些严重的话，既有诱惑，又有威胁。于是慈禧太后就开始严厉责骂皇上，直接下命要交给督办军务处迅速办理这件事，不经过总理衙门。一八九六年九月三十日，皇上挥着泪批准了这个密约。

李鸿章这一次去祝贺俄国加冕，以及他后来游历出访欧洲，都只不过是交际方面日常的礼仪。要说有关于交涉方面的内容，就是商定密约和商议增税这两件事而已。中国旧的税法规定，凡是进口的货物，要抽百分之五的税。这次因为赔款的缘故，想要增加到抽百分之七点五。首先和俄国商议的时候，俄国表示允许；然后是和德国、法国商量，德国、法国想要等待英国的意思。李鸿章到了英国之后，向英国的宰相沙士勃雷提出了这个请求。当时英国与中国的感情正是非常冷漠的时候，而且又因为中国和俄国签订密约的缘故，对李鸿章有很深的怀疑，于是沙士勃雷就假称和上海各处的等待做生意的商人商量后再行决定，实际上是拒绝了李鸿章的提议。于是这件事就没有成功。

李鸿章这次被聘任游历欧洲，各个国家对待他都非常有礼貌，德国人的礼节尤其隆重。

原来大家都以为李鸿章的这趟出行一定会购买大批的军舰、大炮、枪支、弹药等，还会给予他们大量的通商方面的优惠待遇。而李鸿章到达欧洲后，什么也没向各国购买，欧洲人对此都非常失望。李鸿章到达德国后，访问了比斯麦；他到了英格兰后，访问了格兰斯顿，双方见面都非常欢乐，三位都是十九世纪世界上的巨人。八月的时候，李鸿章从美洲回国。九月十八日，李鸿章奉旨在总理各个国家事务的衙门办差。从这时一直到光绪二十四年（一八九八年）戊戌的七月，实际上是李鸿章专职处理外交事务的时期。而在这个时期，德国占据了胶州，俄国占据了旅顺口、大连湾，英国占据了威海卫、九龙半岛，法国占据了广州湾，实际上也是中国外交方面事情最多、最危险的时候。

归还辽东的这场战役，提倡的一方是俄国，而支持者是德国和法国。俄国人已经和中国签订了密约，在北方得到了特别大的，甚至算得上是无限的权利，正踌躇满志；法国人也在光绪二十二年（一八九六年）春夏之间，得到了云南、缅甸、越南交界处的瓯脱地区，又得到了广西镇南关到龙州的铁路修筑权；只有德国一无所获。光绪二十三年（一八九七年）的春天，德国大使向总理衙门索要福建的金门岛，总理衙门当然是严峻地拒绝了德国的要求，到了十月，胶州的事端就兴起了。

在这场战役中，德国人横逆无道，这是人人都能看见的。虽然，中国的外交官也确实有一些不能推辞的过错在那里。如果一开始并没有依赖别人的话，那就没什么好说的了，既然对人家有一些倚靠和依赖，本来就不能不酬谢人家；如果都不酬谢的话也可以，既然酬谢了甲，也酬谢了乙，那么丙也应该有一些酬谢。三个国家一起干涉日本归还辽东，而只有德国最后什么也没有得到，怎么会不激起他们的愤怒导致他们制造事变呢？不只是这一件事，《中俄密约》中还声明，将胶州湾借给俄国人，俄国人在这里面所得到的权利，不只是在东三省，还要深入山东。现在这个时候正是列国之间竞争分出优胜劣败的时候，别的国家能没有忌妒心吗？所以德国才会有这些横逆无道的举动，而这里面也有中国的逼迫，所以他们才这样的。一八九七年十月，曹州教案兴起，山东巨野县乡民杀害了两个德国传教士。德国人听到这个事情后，当天就开着军舰闯进胶州湾，拔掉中国的旗帜，插上了德国的旗帜，中国的总兵章高元被掳走了。警报报到了总理衙门那里，于是就和德国的使者开始商议。德国大使海靖一味威胁、恐吓他们，所以来苦苦哀求的人和婉言商量的人一律都拒绝。中国想要向其他国家乞求援助，没有一个国家是仗义相助、为我们国家打抱不平的。事情拖延了两个多月，我国只好对德国要挟的六件事，忍气吞声地一一答应了，即将胶、澳附近的近百里的地方租给德国九十九年；山东全省的铁路矿务都归德国承办等。

胶州的事情刚刚平息，就立刻有一个巨大的波澜兴起。当初李鸿章签订的《马关条约》，约定好三年之内要是能够还清，就一概免除利息，而前边所有缴纳的利息，也都要还给我们，也可以省去威海卫戍兵四年的费用，共节省的白银是二千三百二十五万两。三年的期限快要到了的时候，中国政府想要在期限内还款，商议接着向外国借钱。二十三年十一月的时候，俄国人商量着想要借给中国这个钱，而向中国要求在北方诸省修筑铁路，以及罢免总税务司赫德职务这两件事。英国人知道后，立即表示反对，也想要借给中国这个钱，而且利息还较轻，而他要求的附加条件是：一、监督中国财政；二、从缅甸通铁路一直到扬子江畔；三、扬子江一带不许让给其他国家；四、打开大连湾作为通商口岸；五、推广内地的商务；六、各个通商口岸都免除厘金。当时总理衙门想要答应英国，俄国、法国两个国家忽然特别反对，说如果要是借了英国的钱，就是破坏了列国已经成的均势的局面，他们每天用强硬的话威胁总理衙门，总理衙门的人不胜其苦。正月的时候，总理衙门回绝了各国，一律都没有借那些国家的钱，而是和日本商议，想要延期到二十年分摊归还，希望能够靠这种方案解决当前的困难，没想到日本竟然不允许。那个时候，真是到了山穷水尽的地步，进退两难，都不知道该怎么办。赫德从中努力，跟汇丰银行、德华银行借款，一共借了一千六百万镑，吃了很大的亏，才了结了这件事。

胶州湾本来是《中俄密约》里面所规定的俄国的势力范围，现在忽然被德国攫取，然后占为己有，俄国人非常愤慨，又遇到了英国、德国阻挠俄国借给中国那些欠款的这件事，俄国人更加暴躁愤怒了。于是在光绪二十四年（一八九八年）正月、二月的时候，俄国向中国索要旅顺、大连湾这件事发生了。李鸿章是亲自签订密约的人，他想要履行条约却无法履行，想要推诿也不能推诿，最后就和俄国的大使巴布罗福又新签订了一个条约，将旅顺口、大连湾两处，还有邻近相连的海面租给了俄国，以二十五年为期限，并且准许俄国人在营口、鸭绿江的中间修筑铁路，一直连接到滨海的方便的地方。

俄国人已经占据了旅顺、大连这两个地方，英国拿出要保持势均力敌的局面作为借口，向中国索取威海卫。当时大清政府拖欠日本的赔款刚刚还清，看守的官兵刚刚撤退，英国人拿出俄国的例子借机租占了这个港口，以二十五年为期限，这个条约一律依照旅顺、大连的条件处理。当时李鸿章和英国来的大使反复辩论，英国的大使斥责他说："你要先去和俄国的使官去对峙讨价还价，不要和我们讨价还价。如果俄国的大使同意你的条件的话，我们就立刻善罢甘休。"李鸿章一时竟无言以对，当时现场狼狈的情景，让人怜悯，让人悲叹。如果说英国还有半点同情和怜悯的话，那就是和其约定好如果以后中国要是重新振兴海军的话，可以借用威海卫停船，只是这一件事而已。

从此以后，中国割地的行为就成了司空见惯的事情。当俄国、法国和英国为了借款的事情发生冲突时，法国人借助于俄国人的力量，要求使用广州湾，将这个港口当作在南方的海军根据地。当时英国刚刚逼迫我国政府开放西江一带，当作通商口岸，想要自己垄断这一带的商业权利，法国人看到这件事后非常着急，于是就效仿德国之前的计谋，直接闯入广州湾，后来就讨论借租这个地方，以九十九年为期限。中国没有反抗的能力，只好答应了他们的要求。

英国又拿出了必须要保持势均力敌的这个说法，要求租借九龙湾来和别的国家相抗衡，期限同样是九十九年。事情定下来画押的前一天，李鸿章向英国大使窦纳乐反抗，展开了非常激烈的辩论，李鸿章说：“即使租借了九龙，也不能在那个地方的山上修筑炮台。”英国大使非常气愤，大拍桌子，说：“不用多说了！我们国家请求租借这个地方，是因为贵国把广州湾交给了法国管理，这样威胁到了我们管理的香港。如果您能够废除广州湾的条约，那么我们的提议也会立刻撤回来。”听到这话，李鸿章只能忍气吞声，把苦水往肚子里咽。当时是光绪二十四年（一八九八年）四月十七日。

到了五月的时候，英国、俄国发生了激烈的争端，即芦汉铁路和牛庄铁路事件。当初盛宣怀承办芦汉铁路，在光绪二十三年（一八九七年）三月的时候，和比利时的某个公司协定好要借钱，约定好了在次年阳历一月交第一笔借款。等到德国占领胶州后，这家公司忽然要毁掉之前的约定，说如果不和德国修改条约的话，那么这个借款就没有办法提供。盛宣怀和李鸿章、张之洞等人商量，要另外和别人结约。在这份刚刚签订的条约中，只不过是拿比利时公司当作傀儡，而实际上实权全都掌握在华俄银行的手上。这个华俄银行，实际上就是俄国政府的银行。借着这个约定，黄河以北的地方，将全部归到俄国的手里，而俄国人西伯利亚的铁路，就将以彼得堡作为起点，以汉口作为终点。英国人听到后非常忌妒，于是就提议把山海关到牛庄的铁路都归英国承办，想要通过这样从中间横断俄国的线路。俄国的公使到总理衙门大闹，要求中国拒绝英国。英国和俄国马上就要开战了，刻不容缓，而且它们都把中国政府作为自己发泄的对象，万种难题都集中到了外交官的身上。当时光绪皇帝刚刚亲政，国家百废待兴，他在心里深深痛恨李鸿章联合俄国出卖国家，于是就在七月二十四日下诏，声明李鸿章不许再在总理各国事务衙门里行走，外交的风浪这才暂时平息，而李鸿章的外交官生涯也就到此为止了。

说明：义和团时代李鸿章的外交将在第十章讨论。

西方人的言论是这样：李鸿章是一个有着厉害手段的外交家。有的人还说：李鸿章是一个非常狡猾的外交家。说他的手段非常狡猾，并不是外交家身上的恶劣的品德。各个国家一同在世界上存在，想要生存就必须竞争，在面临国家存亡的问题上外交家只能唯利是图，只追求利益，所以西方的哲人常常说个人是有道德的，但是国家是没有道德的。试着来看各个国家那些被称作大外交家的，谁不是通过狡猾的手段最后才得到名声的呢？不过，李鸿章的外交手段在中国确实是一流的、最厉害的，但是把他放到世界上去，就要排到一些人的后面了。李鸿章的外交手段，主要就是联合某个国家来牵制某个国家，而所谓的联合的国家，也不是平时的联盟，不过是临时仓促地在一起合作而已，把一种战国时策士的思想作为自己的指导思想。比如他对于法国和越南的那场战役，就想要说服英国、德国来牵制法国；对于中国和日本的那场战役，就想要说服俄国、英国来牵制日本；对于胶州的那场战役，又想要说服俄国、英国、法国来牵制德国；但是最后都没有达到目的，却因为这个原因失去的更多，胶州、旅顺、大连、威海、广州湾、九龙的事情，不能不说都是这种外交政策造成的严重后果。因为天下没有只依靠别人而自己可以好好存活在这个世界上的。那些西方的外交家也都积极地想要和其他国家结盟，然而人家是一定有自立之道的，然后才可以压制他人，而不是受制于人。而今天的中国动不动就说要联合某个国家的话，先不说人家未必会和我们联合，即使和我们国家联合，我们也只不过是沦为那些国家的奴隶而已，成为人家刀板上的鱼肉而已。李鸿章难道不知道这个道理吗？我认为他也知道这些，但是他也没有其他的办法来代替这个办法了。这进一步说明了内部政治不好好地治理，外交也是没有办法维持的。以中国现在的发展趋势，即使是超过李鸿章的才干十倍的人才，对外的政策估计也是不得不隐忍，迁就外国，这就是我为什么深深地为李鸿章感到悲哀的原因。不过，李鸿章在别的战役中，我没有看见他能使上他的手段，唯独《中俄密约》，这个则是他对日本使用手段的结果。用这种手段制造出后边种种的困难，纯粹是自己做的事情自己承受后果，我又何必替他感到悲哀呢！

说明：胶州事件以后的一些战役，其中的责任不只在于李鸿章一个人，那些恭亲王、张荫桓都是总理衙门里非常重要的人，应该要和李鸿章一起分担这些过错，共同承担责任，这些读者不能不知道。

第十章　投闲时代之李鸿章

- 日本议和后入阁办事
- 巡察河工
- 两广总督

从同治元年（一八六二年）一直到光绪二十七年（一九〇一年），一共四十年的时间，李鸿章没有一天是不处在重要位置的。他能够清闲的时间，也就是乙未年三月到丙申年三月的一年时间，戊戌八月到庚子八月之间的两年时间而已。戊己庚中间的时候，李鸿章奉命治理黄河，然后朝廷授予他商务大臣和两广总督的官职。在他人看来，这就是一份优厚的差事了，但是按照李鸿章一生的历史来说，不得不说这是他清闲的时候了。在他清闲的时间里又称得上最清闲的时候，是乙丙年间的时候入阁办理事务，等到戊戌年八月到十一月的时候退出总理衙门，就没有什么值得论述的了。至于他治理黄河，做两广总督的时候，还是有和平常的人不一样的地方，在这里附上他的言论和相关的内容，也算是作史者的责任。

中国的黄河是有名的治理非常困难，数千年的政论都把这件事作为一个大问题，如果不是使用西方人治理密西西比河的方法来治理，那么是绝对无法阻断它的危害而收获成效的。戊戌八月之后，在朝廷中正好没有李鸿章的位置，于是政府就把治理黄河这个任务交给了他，这也可以为黄河河防史上增添一段小小的公案了。今天记录下他的奏折，上面的内容主要是李鸿章任用的比利时的工程师卢法尔勘察河流后汇报的情形，原稿如下：

一、雒口到盐窝沿河的情形

河身。自从黄河从河南龙门口改道以来，水流趋于往下，由北方向东方，奔流经过整个山东，流入大清河，然后从河道流向大海。它的路线东奔西突，人们不好施工，等到过了两年以后，河流差不多已经确定，这才开始修筑堤岸。河流非常曲折，它的堤岸也跟着修得非常曲折。河流变迁，堤岸却不能一起跟着它的变迁而变迁。离水流有的地方很远，有的地方很近，都不一样，然而堤岸都没有保护，随着水流任意漂刷。现在小的水面的地方，大约宽九十丈到一百五十丈，河流底部就深浅不一样了。有的河面宽的地方，水深仅仅有四五尺，不方便船只行驶；有河面忽然变窄的地方，水深到了三丈。河流在一天内就可能改道，忽然向左，忽然向右，挨着河流的河岸，就会被河流冲刷，河流带着泥沙流到速度缓慢的地方，就又淤积在那里，变成河滩。当地政府和百姓就只能随着河流任意流动，一直都没有好的对策，只有到了特别危险的地方才去救急，在河流决堤的地方修补裂缝。黄河沿岸常常会看见岸土，有四五脚的高度，有时候塌陷掉到河流里，隆冬的时候，水流小，而且流速缓慢，尚且都会这样，等到河流解冻之后，大汛来的时候，水流大且流速快，到那时候更不知道会是什么样子了。下游位置低的地方是这样，上游土山的那一带，不用问也能够知道。难怪黄河泥沙那么多，堪称是五大洲的河流里含沙量最大的。大汛的时候，堤内的沙滩全都被淹没了，因为河流底部深浅不一样，导致河身也高低不平，所以水流的速度处处都不一样。而且下游的地势非常低平，每里的高度差不超过五寸，河流流速非常缓慢。能够容纳河水的地方一天比一天狭窄，随着时间的推移，淤泥越积越多，垫得非常高，年复一年，险上加险。也正是这个原因，河堤外边的土地和河堤旁边的河滩相比，足足低了一尺，还有低到七八尺的地方。我负责监工路过杨史道口的时候，就曾经对河面进行测量，计算得出水面宽一百三十八丈，河底最深的地方是二丈三尺，流水速率是平均一秒钟大约四尺。按着这样推算，每秒钟过水的长度，大约是五万七千四百五十六立方尺，容纳的水的面积大约是一万三千六百八十方丈。另外我又在盐窝的上游测量，计算得到此处的水面仅仅宽一百零二丈，河底最深的地方是一丈二尺，容水面积大约是九千一百八十方尺。当时杨史道口还没有合龙，大部分通过决口，不走盐窝，还可以取得一致的说法。等到涨洪的时候，涨上来很多河水，人人的说法都不同。按照两处地方的文武百官所指示的水志，总计得出杨史道口容水的面积应该在三万六千一百八十方尺。盐窝的容水面积应该在二万四千四百八十方尺。因为水的流速，没有办法准确计算数据，导致无法统计得到准确的水流量。然而不知道进水的面积，就很难确定河岸的宽窄，还有堤岸的远近。从雒口到盐窝大约总计有三百七十里。

民埝。民埝是滨河的河堤，为什么叫它民埝呢？因为是百姓们自己所修，由政府负责保养、看守，是现在黄河最重要的河堤。民埝距离河流远近都不一样，有的就在水流的旁边，有的离水有三四里，当时修造是任意修建的，并没有什么准则，甚至它为何弯曲也让人很难理解，捉摸不透。它的高低或者是厚薄，每个地方也都不一样，有的比现在的水面高出九尺，有的甚至高出了一丈五尺，还有的高出沙滩五尺到八尺不等，高出河堤外面的地方也有九尺到一丈五尺，都不相等。它的堤顶有的宽二丈四尺，有的宽三丈六尺，新修筑的埝比较厚一些，忽高忽低，忽厚忽薄，它的收坡的斜直也不相同，各自有各自的特色。对民筑堤坝的维护也没有那么周密，民埝被水冲刷的地方有好多处，也没有立刻就修理好，日积月累，积年累月，虽说不至于塌陷，不过也差不多了。民埝都是用非常松的淤土做的，并没有什么胶泥，地基打得也不深。即使有胶泥的地方，也很容易就被冲刷出来。埝顶可以禁受住大车、坐车、手推车在上面行驶，车子碾出的车辙非常深。过路的人或者在堤坡上上下下，或者是在堤坝的低处穿越。堤上修筑民居，也没有对堤坝进行加宽，或者是培厚。凡是这些行为都是最容易损毁堤坝的了。查阅西方各个国家的资料，他们都是在堤坝的土坡上面种青草，不怕费事，不惜花钱，原因是草根对于保护堤坝有极大的帮助。这些地方的堤坝都不种草，一两处偶尔有草，也会被百姓拔除干净，甚至还要连根拔起。据说他们是把这些带回去用来烧锅，或者是喂牲口，他们不知道没有草的话，堤坝很难保住，而堤坝很难保留住，那么水患之灾很快就会来了。愚昧的百姓不懂得这一点，他们的行为是令人鄙视的。耙草的农具最容易损坏堤坝了，应该明令禁止，不准百姓们使用，这也是保护堤坝的一个方法。等到草被拔走后，堤坝被耙弄得松了，大风刮起来的时候，堤坝上尘土飞扬，于是堤顶就会越来越低，堤身也会越来越薄，这种农具的害处不也是很大吗？沿河的堤坝，有的已经种上了柳树，柳树成荫，也有刚刚栽种上的，只有几尺，柳树的根部最能固堤，应该在沿河的堤岸一律都栽上，并且还要设法保护，不准人随便攀登和折枝。在柳树的旁边并排种上藤，会更加坚实。柳条和藤条都可以编埽，使用埽护堤堵口，比秸秆那些材料坚固得多，而且还可以随处就地取材，不需要再出钱去买，一举两得，没有比这更妙的了，为什么还不这样去做呢？

大堤问题。大堤是公家所修筑的，距离民埝非常远，远近处处各不相同，而且有很多弯曲的地方，怎么想都想不明白。现在这个大堤虽然有，但就跟没有没什么区别，反正不能指望它。大堤上的居民住所鳞次栉比，都建成了村落，即他们取大堤上的土来修筑他们的房子，这样导致大堤现在残缺不全。而且过路的地方，都被弄得和地上一样平，甚至被破坏出一个大口子。堤上和坡上也有好多种麦子的，这些都十分损害大堤。河水暴涨的时候，民埝都会决堤，大堤也没有不崩溃的。大堤宽的地方，它的堤顶处有三丈六尺，高一丈二尺到一丈六尺不等，然而完整的非常少。听说杨史道口大水在民埝决堤，竟然能流出来一条小清河，淹没村庄，给居民们带来很大的危害，实在是因为大堤有旧的口子没有修好，所以才使水有缝隙，能够流出来。询问河官为什么大堤的缺口没有堵上，他回答说了是因为百姓不愿意，今天要是开始修大堤，那么上千名村民一定会围起来阻止我们等这些话。由此可见修大堤不仅没有益处，而且还不合民意。大堤的外边有非常多的居民，有的是数百户的居民，他们就组成了一个村子；有的是四五家居民，他们自立门户，或者是自己修筑围堤来防护，或者是修建高埠来居住，大部分都是预先作为防水的。村子外边周围的地方，都是肥沃的土地，居住的人会在周围耕耘，来维持自己生活。除此之外还有斜堤拦坝，都是用来保住这个村子的耕地的。然而它们被损坏的程度也都和大堤差不多。如果民埝有了危险，这些肯定也靠不住。

险工。沿河那一带，险工最多。凡是水流冲击最紧急的地方，或者是已经决堤的地方，都会有工程。这些工程以营造圆柱形防水建筑物为主，大多用秸料搭建，然后盖上土，为它们铺设一层堡垒，形状像磨盘，或者紧紧贴着岸边，或者和大堤接连着，它们的形状都不一样，有的高，有的低，每埽都不一样，每埽错落有致、参差不齐，绝对不相连，中间仍然走水，以此来三面都受洪水袭击，不知道这是什么意思。依照我的看法，那些埽就应该一气呵成，中间不留缝隙，既节省材料和施工，形状又更加坚固。而且埽这种材料碰到水之后，就像墙壁一样直挺挺立着，不会歪斜，如果有大水冲过来的时候，它不能让水滑过去，似乎并不是好办法。但是秸料不是能够经久耐用的材料，因为其中有心，它的质地像是灯草一样，最能够吸水了，使得里面的料子容易腐烂，材料烂掉就和沙土没什么区别了，丝毫没有抗冲击能力。我在监工的时候在很多地方看到旧的埽，虽然看上去都连在一起，但是它们的根基已经都坏了，一经过洪水暴涨，必将会立即漂走，民埝一定会被牵连。有的人说秸料是这个地方的土特产，用途广泛，价格低廉，除了这个材料就没有别的更合适的材料了。如果真的能够像我前面所说的那样，多种藤柳，经过数年之后，就可以足够使用，就没有必要用成千上万的金钱，来修造这些不能持久的工程。有的人说埽这种材料原本就可以挡住水，一两年过后，河水自会流回原来的河道中，料埽虽然腐烂了，可是还有什么好忧虑的呢。但我并不是这样认为的。如果不变更治理的办法的话，恐怕到时候就算抢险也只不过是养痈遗患罢了。现在可以采用的计策是，虽然没有其他材料可以用，那些埽工应该率先改变方式。使那些傍在岸边的都连接起来，连成一片，当作一个进入水流中的斜坡，来引导水流的方向。必须多用木桩，和岸中有些牵连，用坚固的麻绳系上它们，那些为了保护埽所扔进去的石头，也最好加大、加多，找好恰当的位置，就可以抵御冲刷的力量。监工曾经看见有用石块排列放在埽上的人，用石块来镇压秸料，为了不让那些被风吹走，这个场景多么可笑。除此之外还有石堤，如北镇那一带的石堤，尚且能称得上稳固，但是盐窝的石堤，地下的根底都已经全虚了，那些还没有坍塌的地方，全都依赖尚存的那些石灰的粘补，使它们凑在一起，然而这肯定也不能持久。

二、盐窝至海口尾闾情形

黄河尾闾。已经由盐窝改了三次水道，第一次是向东北由铁门关入海，第二次是向东由韩家垣流入大海，第三次庙东南由丝网口流入大海。今天只将这三种情况挨个说明，还有一条新挑引河，也一并在这里讨论到。

铁门关海口。这个海口是大清河的尾闾。黄河改道山东以来，经由这里入海，经过了三十多年，到韩家垣决堤，离开东北向正东方向流淌。今天铁门关一道，前半截已经淤积，被淤泥垫得非常高了，河身都成为平地，都不好辨识出来，河道左右两边的堤岸都变成了村落。铁门关以下，河堤都消失了，只能看见一堆黄沙，土地非常贫瘠。大约距离铁门关下游八里的地方，河道又重新看见有河水，直接流入大海，河边的土地虽然看上去像沙滩一样，但是沙子下面不是很深的地方，就有混合的泥土。河水的深度平时大概为二尺，碰到大潮的时候能够涨到三四尺，可以到萧神庙，如果东北风刮得特别厉害的时候，可以增长到五六尺不等，从三沟子开始就有船只，可以出海，在烟台地区往来。这次因为河流结冰，地上很潮，不能出海勘察，仅仅到了三沟子以东的十里，满地都是苇草，大潮经过这里后，就返回不再向前进。根据当地人说的话，再往前走八里，就已经可以见到海洋的潮汐，再往下十二里，就是海滨了。河流入海口处有拦门沙，当潮退去的时候，仅仅深二尺而已。这片拦门沙的面积，没有再去勘察过，于是就自己揣度，认为一定小不了。统计自盐窝到铁门关，入海口大约是一百一十里。

韩家垣海口。自从韩家垣海口决口后，黄河的尾闾，就从这里取道，一直持续了八九年，最近才又改道向东南。韩家垣那一带已经没有了黄河的踪迹，只有从新萧神庙以南，距离海还有大约六十里的地方，又能看到河流的形状，其中也有水，但只不过是到最低的地方，积水没办法流出去。听闻距离大海大约十一里的地方，这条河流分为两溜，形状像是燕尾一样，然而也都不深。海口也有拦门沙，潮退去的时候，直接塞到口门，不容得河水倾泻出去。这里的拦门沙露出水面，宽度大约有二里。查看韩家垣一道，并没有修筑堤坝。统计从盐窝到韩家垣的海口，大约有一百里。

新挑引河。此条河流是在韩家垣决口之后，特意在口门的下面挑挖的一条河道，用来把河水引流到萧神庙的旧槽，再进入大海。然而当时的深度仅有四五尺，宽度也仅有三丈，现在都还不到这个数目。有很多弯曲的地方，这条河总计长四十里，如果只算直道的话，那么就只有二十五里了，大概是顺着原来的水道挑挖，以此来节省工费的原因。河底有萧神庙和韩家垣两处，挖到三尺深的地方，就会看到泥土了，也有的地方地面上竟然能够看到泥土。周围的那些村庄都有水井，往下挖到一丈一尺深的地方，就可以看见有水，泥就在水里，也不是很深。铁门关附近有烧瓦器的窑。这个地方的土质，大概就能想到什么样儿了。

丝网口海口。现在黄河都是从这个海口流入大海，黄河水漫散在平坦的地上，并没有什么河道。河流水流小的时候，分支比较多，底部都不是很深，中间还有沙滩，正中间的水底，深度只有三四尺，有一两处最深的地方，也不超过一丈。在接近海口的地方，就只有一尺四五寸的深度，这个地方的水面非常宽，大约有三百丈那么多。听说河流的入海口并没有拦门沙，猜想可能是河流流速缓慢，河床比较浅，那些沙子都已经在附着在地上，淤积在地上了，没有可以再流入大海的了。在勘察北岭子决口的时候，还有上游的三处地方同时开口，因此丝网口的水流不是非常迅猛，北岭子门的树至今还竖立在水中，其中有一座古庙也巍然独立在那里，那就是证明水流缓慢的确凿证据。至于说辛庄那些地方，房子都跟着水流漂走了，那就是用土盖的房子不坚固的原因了，并不是水力汹涌的原因造成的。在北岭子以下的北岸，并没有设立堤岸，只是把铁门关南堤作为北岸，用以保护村落，仅此而已。南岸是从盐窝开始，新行修筑的堤岸，一个堤岸距离水大约二里远，统计得出从盐窝到丝网口的海口，大约有九十里。

三、商酌应该做的治理河流的事宜

治理河流就像是治病一样，必须要先观察其中的病原。想要观察其中的病原，就必须先要把脉，才可能知道病人的病原是什么了，然后再去抓药。如果不是不治之症的话都可以治疗成功，而且铲除病根，永远没有后顾之忧。但是如果要是按照伤口敷药，不询问这个病是怎么得上的，这不是良医的作为。黄河在山东发生水患，但是发生的原因并没有在山东。如果只是在山东治理黄河，那么就跟按照伤口抓药有什么差别？虽然能够治疗一时的伤痛，但是过了不久后，旧病就会再次发作，因为伤口的病毒还没有消除，这个病根还没有拔除掉。我们说水性就好像跟人性一样，最一开始都是善良的，但是如果不引导他们，教育他们，性格就会发生改变。上天之所以创造出水这种东西，本意是用来养育人类，怎么会用它来害人呢？是因为人类不知道它的水性，没有做好措施防止它性格发生改变，所以它来越来越恣意妄为，危害周围的黎民百姓生命安全，耗费国家大量财力，却永远都没有停止的时候。推究其中的原因，就是因为人们治理河流就仅仅治理那一小片，没有统筹全局。今天如果耽误一次再耽误一次，恐怕最后都没有什么成效。如果想要一劳永逸的话，最好就先查明其中的根本原因。在山东看黄河，黄河就只在山东这一个地方。从中国来看黄河，那么黄河还有不在山东的部分，怎么就知道山东的黄河的水患不是从别的地方的黄河过来的？所以从中国范围治理黄河，那么黄河是可以治理的。但是如果就只在山东治理黄河，恐怕黄河就很难治理成功了。下面请允许我详细地说明。追溯黄河的本源，从星宿海出发，在甘肃取道，流入蒙古沙漠，河流改道很多次，才到达山西省，这时黄河就已经带着沙土流过来；从陕西出来后，又和渭水的水流汇合，水质更加浑浊；再就是穿过土山从东边方向出去，拖泥带水，直接流入河南，一直向前冲，所经过的地方很平坦，水质更加浑浊了。这就是黄河的病原了。下游的灾患还是来源于这些，治理的最好的办法就是在病原上面下功夫。因为下游淤积的泥沙，都是从上游拖带过来的。上游地势高，居高临下，势不可当，而且河流两面有山的约束，水流非常迅速，泥沙不能停滞下来，但是一旦过了荥泽那里，平原地区地势平缓，水力就减弱了好多，水流缓慢，河流携带的沙子就停了下来。泥沙停滞在这里，那么河流就会被堵塞，河里的淤泥堆积得过高后，河水就会改道，这是大自然的规律。回首往事，有那么多活生生的例子，都是最好的证明。当河流改道的时候，无数的百姓都跟着遭殃，他们流落他乡，因为饥寒而死，从古到今，不知道一共发生过多少这样的事情了。而黄河往南走，往北走，为所欲为，以开封为中心，自己开辟了一条半径的道路，在扬子江北部中间千百里的形状为扇形的地形，任意穿越，即使是齐鲁大地上的那些山峰，也很难阻止住它。黄河河水所经过的地方，流沙停留在那里，形成沙滩，百姓被这件事情所困，防不胜防，一直都没有什么好的对策，只能是修修补补，挽救危急，劳民伤财。它的祸患跟瘟疫相比，跟战争相比，还要更猛烈。然而天下没有没办法治理的河流，虽然这不是一件简单的事情，然而也不是人力不能做到的。那么要用什么办法呢？回答说，用数学而已。

治理办法。这个治理办法哪是那么容易说出来的！黄河绵延在广袤的中国大地上，总计一万多里的长度。地势的高或者低，河流的弯曲笔直，水性的缓慢迅速，含沙量的多少，一直都没有详细地考察分析过，也并没有图表说明。问那些黄河边上的人，也很少有能够回答上来的。今天想要治理这条河流，有应该要首先办理的三件事：一、测量整条河的地形地势，凡是河流的河身的宽窄、深浅，堤岸的高低、厚薄，以及大水和小水的深浅，都必须详细地记录；二、测绘河流的地图，必须连细小的地方也不能遗漏；三、分段派人查看河流的水性，较量水力，记载水志，考量泥沙的数量，并且随时查验若干水力，还有淤积的泥沙，凡是水性、沙性稍微发生变迁，都必须详细加以记载，以提供参考。以上的三件事，都是极其精细的工作，而且是最关紧要的事情，如果没有这些的话，就不知道河流的水性，就没有办法确定应该做的工作，没有用来分导黄河水量的支流，没有东西用来容纳因为水涨多出来的水量，就不能来防止水患的发生。这三件事要是没有办理的话，那么接下来所有的工程，最终都很难处理得当，即使能够缓解当前的情况，灾难很快会再次到来，只会前功尽弃而已。如果测绘非常详细，反复考究和审核的话，掌握了全局的形势，就可以参照那些材料酌情办理工程，做长远打算。还要必须做的是，把各个省份的黄河都统一归到一个官员管理，这样才能一起保护，使得永远都没有后顾之忧。但是照这样办理的话，一定会有一笔不小的经费开支。然而想要实现一劳永逸的话，最好要先统计出每年用来养河的费用，修堵修筑的经费，粮食食物的开销，用来赈济百姓的抚恤金，财产淹没的损失的补偿，百姓因为这些死亡的补贴，还要除去这些弊端后要兴修的一些水利，累积若干年共计的开支，和所要消耗的钱财相比，孰轻孰重，哪个损害多，哪个收益多，这样就不至于会犹豫了。按照图志的记载，可以知道某个地方的水性和地势，确定它的河身。根据河身，就可以确定水流的速率，不至于随便变更；就可以知道水面的高低，这样就不至于再去猜测。凡是河底的深浅，河岸是坚固还是脆弱，施工材料的松固，都可以一并确定下来，没有什么意外的顾虑。这些都属于是数学精确细微的东西，不能靠自己的意志随便猜测。确定河身是里面最困难的事情。必须知道水涨到最大的时候会有多高，水性是什么样的，河底会停留多少泥沙，停在河滩表面的泥沙会有多少。水涨的高低，速率也不一样，确定河身必须知道各个河段的速率，这样才能使河水无论是涨得高还是涨得低，它的速率都可以足够冲刷泥沙进入大海。

河流形状弯曲的地方容易发生危险，也必须酌情修改，同样这也并不是一件简单的事情，如果不是详细谨慎地推算的话就不能施工。如果裁弯取直后，就可以让水走捷径，那么地势高低的差距大增。落差大那么水流速率也会跟着增长，速率增长那么过水的数量也会增长，特别是在河水暴涨的时候。最好是上下游一并通行筹算后，这样才能够裁去一处河身弯曲。这是因为裁弯能够催生出其他的危险，不能不考虑这些，这也不是只凭借眼力就能够做的事。

河堤是所修筑的用来约束水流的工程，必须和河身一起推算。就连入水的斜坡都必须坚固，来防御水涨得异常厉害的时候，这才不至于误事。至于河堤的高低、厚薄，就看土性的松实、材料是坚固还是脆弱了。至于应该如何去修造，怎么一个造法，也必须看水线的高低，水流是缓慢还是湍急。所需要的材料，最好是能够防御洪水的，没有必要只用石堤，也没必要都用料埽，这是因为只要是土堤修筑得非常坚实，再用柳树草片来保护，也足够用来抵御一般的水力。查看各个国家护河的河堤，大多以泥土为主，并没有全都用石头施工的。但是必须推算得合理，位置还要恰当，要一直看守着，不能松懈，不能让别人随便践踏。那些石堤材料，只是在危险的地方使用就可以。总而言之，能节省的地方就要节省，不能节省的地方一定不能节省，所以必须测算得非常精确详细才行。我在监工的时候总共绘制的河堤，样式有两种，是适合黄河的具体情况的，什么地方应该用什么样式，就等临时查看，勘察后，因地制宜，并不是全黄河都应该修改。但是无论需要使用什么样的材料，都必须采用优质优等的那些，这样才能坚持得时间长一些。大水时河流到河堤根部位置，小水时河流在两岸的中间。而河堤和河岸都是松土，常常被急流冲走，然后就变成泥沙，等到了流速缓慢的地方，就淤积成很高的河滩，堆积到一起，渐渐会发生危险。这件事固然值得忧虑，但是最需要担忧的是，上游各个土山随时都会坍塌，土就会进入水里，流到下游那边去，带来更严重的祸患。应该另行设法保护，在经过河水的河道两岸，尽量修筑斜坡，先用泥来保护，再种上草片，并且还要多栽种树木，通过这些来巩固两岸，尽量不被冲刷。有危险的地方，最好在河岸的根部打桩，用树枝来编成筐，用泥土填补成块，再用石垒，堆砌成一道墙，或者是堆砌石块当作斜坡，并且把那些大石块抛到水底，这样就足以抵御水力。那些土山的两旁，也必须要在水底抛扔一些石块，然后再在上边修筑石墙，来阻止土山的塌陷，通过这样的措施，那么岸土就不至于被流水拖带，这样的话河流就会渐渐变得清澈起来，河流的水患自然会日益减少很多。这才是治理河流应该办理的最紧要的工程。河流的大流应该是在河流的中间流淌的，应该用什么解决方案，现在还不能提前确定。大约必须在弯曲的地方的水底多修筑一些挑水坝，来引导河流的流向。挑水坝应该用树枝，或者是用石块，那些事情就要待当时具体的情形，斟酌之后再办理，只用秸料不能够经受很长的时间，而且没有抗冲击的能力，最好不要使用。减水坝也应该认真建造，来防止河流异常暴涨，最好是设置在河堤边上。应该先测量地势，勘察地形，用河流流淌的方向来确定坝口的方向。这个大坝必须用大石头和混凝土来制作。大坝后面所挑的河流，或者是已经存在的河流，应该修筑坚固的堤坝来约束它们，这样才使得经过的河水不至于跑到别的沟壑里去。这个河流也不能太弯曲，而且它的宽度和深度要比黄河小，它的河身实际也有容水的地方，这样才能够开始一起使用。黄河的尾闾入海口处地势陡增，入海口的地方又有拦门沙，致使河水不能顺畅地流入大海。应该使用机器，比如挖土船来挑挖那些泥沙，然而应该先修筑海塘，再使用机器，这样或许可以达到事半功倍的效果。这个海塘连接长长的河堤进入大海，那么水力就能更加集中起来，这样就能将泥沙冲到大海深处的地方，这是河流入海口必不可少的工程。再用机器在拦截泥沙的地方深挖一道，这样的话水力就会更加猛烈，可以自己来加剧冲刷泥沙。这项工程需要花费巨额的费用，然而各国的海口都有这些，为何只有黄河自己没有呢？美国密西西比海口，奥国大牛白海口，之前也堵塞得很严重，现在大轮船都可以往来，畅通无阻，足可以验证效果了。法国的仙纳海口，之前也有拦沙的阻碍，行船最不方便了，而且非常危险。后来经过用大石块填海，筑造海塘，高出大潮的水面，两个海塘相距离九十丈，海塘筑成的那天，海口竟然深达二丈，至今船只往来都非常便捷。比利时的麦司海口，也曾经大兴这个工程。除了上面那些之外，还有好多例子，列举不完。

黄河绵延流淌经过了好多省份，极大地关系到国计民生。现在，上游的水到下游来的情况，不能立即预防；下游出事，发生危险之后，上游在事后才刚刚察觉，声气不通，没有能够周密地防范。应该按照永定河的办法，在沿河设立电报线路，按地段用电报联系，任何时候，任何事情，都可以报告给全黄河的官员差役，这样祸患就不难防御了。这是现在刻不容缓的事情。治理河流这项工程既然已经开始，那么守河的章程也最好尽快确定，要求所有的人一律严格遵守，永远照办，不得违反，这样才不至于前功尽弃。监察现在的河防的官员虽然能够做到克己奉公，但是百姓们随意践踏河堤和料埽，挑土、砍树、锄草的这些恶习，他们并没有广泛地禁止。应该尽快妥善地制定法律和条例，严行厉禁，派人周密地巡察，再犯这种错误的就狠狠惩罚。堤上面不准搭盖房屋，如果必须行驶车辆的话，要专门修筑马路，并且格外地培厚地面，这样才不至于损坏河堤。官员必须随时稽查，稍微发现有残缺不完整的地方，就要立刻修补。这样的话，这个工程就会永远完好无损，并且十分坚固，才不至于发生意外的情况。黄河的上游是否应该建设闸坝，用来拦沙，或者是选择大的湖泊，用来帮助减水，这些还要考虑。治理河流有这些办法，所以必须在这里说明。在黄河上游的山脉，应该下令栽种草木，来减缓水势。西方一些国家因为山洪暴发，屡次成灾，于是下令在河流源头和挨着水的山脉上面栽种小草和树木，于是水势就减缓了，偶尔有一两处的树木被人擅自砍伐，水势就又变得十分猖獗。政府下令严格禁止这些，并且设立官员专门管理树木。西方人非常重视这方面的事情，就是验证其有效的最好的证据。调查山洪暴发的原因，其中有两条：第一是因为山上的土非常松，不能够吸水；第二是因为山势陡峭，没有障碍物能够阻挡水流。如果都种满树木的话，那么树木的根部既能够固着土壤，又能够吸水，并且还可以减缓一些水势，让水流从容地流下去，而不至于倾泻而下。倘若山上不适合种树，也应该栽种一些小草，它们的力量虽然不如树木的大，但是也好过什么都没有吧。自从法国颁布实施亚尔伯诸山种树律例以来，成效已经十分显著了。

四、现在应该做的一些救急的事情

前篇所说的治理河流应该做的事情，都不是一朝一夕就能完成的，必须要等到全河详细地测量，估算要使用多少工料，想出妥善的办法，才能准备开始实施。真的非常害怕河流汹涌，迫不及待就要泛滥成灾，所以极其应该先办理救急的事项。如果现在没有生出祸患，那么将来治理河流的事情还比较容易。救急的事情要怎么办呢？回答说是培修堤岸，固筑险工，并且要疏通尾闾，就是这些而已。至于更改河流形状来使它通畅流淌，展缩河身来通顺它的水性，保护堤岸来防备黄河对两岸的冲刷，这些工程要等到以后再从容地办理，这时候没有时间来顾及这些。培修河堤的办法，前面那篇已经详细地谈过了，不需要再在这里赘述，只是应该把埝当作堤。那些大堤离得都太远了，有河面过于宽的隐患，大堤又有残缺、不完整，修都没有办法修，因为修了也没什么用处。各个危险的地方，最好全都巩固一下，应该派遣官员全部勘察一遍，来估算工程量。凡是被冲刷的大堤，或者是已经腐朽的料埽，务必立即一律保护，其中过于低、过于薄的堤坝，也应该加高培厚。大堤内挨着水的斜坡，应该加上一层泥土，用来种青草，并且在大堤的根部栽满树木，想办法禁止人们践踏。这才是现在最着急的事情，最好是迅速办理好。有危险的地方的大堤根部，或者是抛石，或者是编坝来加固它，也必须因地制宜。凡是大堤上有人们开辟的通行的道路，应该马上进行修补，并且要在堤顶修筑建造石子的马路，以此来方便车马的往来，也不至于损碍堤坝。尾闾的海道，最好立即商定准确的位置，铁门关、韩家垣现在都被淤塞，丝网口的水势散漫，并且没有河槽。对这些末流地区进行选择时，大家的意见也都不能统一：有的人说铁门关被淤塞的地方应该挑通，使河水还能在原来的河道入海；有的人说最好还是走韩家垣那条旧的河道；有的人说应该找十六个挑引河一直到铁门关，以此来避开盐窝的危险的地方；有的人说应该从盐窝那里挑一条直河，仍然使用丝网口当海口；有的人说应该在蒲台县三岔河，然后再引河入海；有的人说黄河应该在大马家挑河一直到孔家庄，并且进入徒骇河，最后使它们进入大海。大马家在利津上游八里的地方，查看徒骇河的形状十分弯曲，孔家庄的河面宽大约是九十丈，小水水面大约是六十丈，两岸都很高，并没有修筑堤坝，大水大约离着河岸还有八尺，它的上游在禹城的下面，全部都已经淤塞，海口距离孔家庄七十里远，并没有拦沙。鄙人的意见是黄河还没有治理之前，它的河水不应该走徒骇河，因为害怕污浊的河水流入清水里，那样的话，即使是清水，也会变得污浊，未免会有些可惜。如果想要商量必须确定一处入海口，那么必须在各个地方详细地测量，看当地地势的高低，考察流水的方向。而现在武备学堂里的测量生都非常聪明，又非常勤奋，四处去测量，把全部的力量都使出来，一点都不保留。可惜就是时间太仓促，因此不能取得详备的数据，所画出来的图纸只能看出来个大概，但是各段河流中过水的数量，以及各地的落差，就没有办法从这上面得出来了。至于引河的形状，按照河流入海口的地势低平的原则，引河越短，效果就越好。因为河短直，落差就会增加，水流也会比较有冲击力。河身就以能够容纳洪水暴涨为限度，两边的堤坝就以能够约束河水为限度，还必须格外地巩固两旁堤坝，以此来防止大水冲堤。入海口所有的旧河槽最好都不再使用，因为旧河槽的形状都非常曲折，堤坝也不能保护好，还不如另外选择新的地方，根据地形地势重新开挖治理。现在无论引河挑选在什么地方，那里的海口必须要有机器挖沙，不能靠着河水来自己冲刷，因为河流的隐患还没有消除，河流里的泥沙还没有减少，到处淤塞的问题仍然没有办法避免，恐怕新挑的引河不久之后就会像旧的河口一样，被泥沙堵塞得不通畅。我自己的意见是，引河的地形要以能够容纳河水顺畅流淌最好，这样才能保证没有发生意外的忧虑。减水坝也是必不可少的工程，至于应该设立在什么地方，到现在还没有考虑好。有人指示说，济南府城下游的十八里，原来有滚坝的地方，似乎可以接着用，很适合。于是我监工回来的路上顺便走着去勘察一下，看到这个滚坝距离黄河还有五里的距离，原来打造它的意思是，在这里引着济南那些山上的清水进入黄河，以此来帮助冲刷泥沙，然而却一直都没有启用。坝门非常小，只有一丈四尺，又和那些河流不相通，如果要是使用它的话，就还必须另外挑引河来连接小清河。查看小清河的河身，仅仅够容纳自己的河水，河水暴涨的时候，大水都会漫过河岸，又没有河堤的约束，如果再把黄河水灌进去的话，河水势必会漫出来，那么济南省城恐怕会被淹没。鄙人的意思是，如果想要减水的话，那么最好是使用徒骇河，然而仍然需要等到测量和筹算后，才能够把这件事确定下来，而且徒骇河也必须加宽，然后再增添修筑的河堤，这样才能够使用。

以上的四个大的方面，都是我知无不言、言无不尽的内容。至于说的是否得当，都等候上级研究决定。我作为监工此次奉命勘察河流，常常和司道等高级官员，还有地方官员一起去勘察。虽然每个人的看法都稍微有一些差异，但是大家都是同心协力，一起克服困难，想要为国家效劳，为中堂效命，把国计民生当作自己的使命，有着一劳永逸的想法，那么大家最后的目标都是一样的。所以就没有中国和外国的分别，都是想要帮助做成利国利民的大的功劳，因此心中一点个人的成见都没有。

卢法尔敬上

李鸿章在做两广总督的时候，是继之前的总督李瀚章、谭钟麟之后，那里的好多事情荒废、懈怠很久了，到处都是盗贼，遍地都是草寇。李鸿章到了那里之后，做事雷厉风行，恢复就地正法的措施，用严峻残忍的酷刑对待他们，杀戮的盗贼不计其数，君子都诟病、责备他。而盗贼却都害怕他的威名，有的被杀死了，有的逃走了，这个地方也暂时得以安定一些。但是他也给广东人留下了祸患，比如让赌博的人去承担军饷这件事。广州境内偷盗的风气这么浓烈，它的源头其实是因为此地有赌博的风气，盗贼里没有不赌博的，赌徒到最后没有不偷盗的。李鸿章施行劝赌，美其名曰是缉捕的经费，其实真实意图是想要抽出赌博的赌金来，当作惩治盗贼所需的经费。这跟害怕老百姓们不做强盗，而去教他们做强盗有什么区别呢？既然教了他们而最后又诛杀了他们，君子们都说这不是人做的事。孟子说：“乃陷于罪，然后从而刑之，是罔民也。”李鸿章不教导他们，只知道刑罚他们，这样都算得上是欺骗陷害百姓，更何况是劝他们犯罪后再处罚呢？扬汤止沸，拖薪救火，他老了之后做事情为什么这么荒谬？不然的话，谁会在人生的晚年，做这样败坏道德、有损名誉的事情，让后人责备呢？有的人说："李鸿章知道这种好赌的风气最终灭绝不掉，还不如趁机利用它，来解救政治费用的急缺。"那淫荡的风气本来就不容易灭绝，但是却没听说过有政府要设立妓院的；偷盗的风气本来就不容易灭绝，但是还没有听说过政府可以设立山寨的。这些道理，李鸿章未必不知道。知道了还要做这些事，真能称得上是完全没有良心。

李鸿章到了广州后，想要在省城施行警察制度，是从黄遵宪的会议那里学到的。警察制度还没有施行成功，他就离开了。

广东省里中国人和洋人混杂在一起，好人、坏人都有。那些狡猾的人常常借加入天主教作为护身符，在乡里胡作非为、为非作歹、横行霸道，而天主教以及其他教会的牧师常常偏袒他们，放纵他们恣意妄为。近十年来，广东省的大臣们都昏庸无能，要不就是老朽得都快死了，害怕洋人就像害怕老虎一样，所以洋人的气焰才会越来越嚣张。李鸿章到广东后，教徒们还要用以前的伎俩，李鸿章把那些牧师找来，照样依据法律，严明权限，摆出事实，讲清道理，对他们没有一点儿的宽容和给予特殊的权力，这样经过一两次之后，再也没有人敢靠着教会作奸犯科了。噫嘻！凭借自己数十年磨炼的外交家经历，虽然抵挡强大的敌人或许有些不足，但是对付这些小贼，在李鸿章眼里，那真的不值得一提。当今的地方官员把处理教案当成最可怕的事情，他们也太可怜了。

李鸿章这次上任两广总督，是因为朝廷认为康有为一党在国外的气势越来越盛，所以让李鸿章镇压。于是李鸿章就抓了海外志士的家族里的三个人，他们没有犯什么罪却被杀掉了，骚扰无辜百姓，没有比这更能称为野蛮政体的了。有的人说，这不是李鸿章的本意。虽然那么说，可我还是不敢替他辩护和隐讳什么。

第十一章　李鸿章之末路

- 义和团之起
- 李鸿章之位置
- 联军和约
- 中俄满洲条约
- 李鸿章薨逝
- 身后恤典

李鸿章最初被任命为江苏巡抚只有一个虚名，不能去到任；他最后被任命为直隶总督也只有一个虚名，不能去到任。难道真是造化弄人？虽然这样，他现在的影响和过去比，也使人短气了。李鸿章管理广东还不到一年，就有义和团的事。义和团从哪里产生的？是戊戌维新变法运动的反作用引起的。

当初，光绪皇帝用新政策违背了太后。八月的动乱中，六位贤才惨遭杀害。一群群小人相继兴起，而康有为逃亡到了英国，梁启超逃去了日本。占据朝廷的顽固党派，本来已经有外人加仇敌了，又不知道国际公法，认为外国将带康有为、梁启超来谋取朝廷，于是对外国人的怨恨越来越深。而中国北方的人民，从天津教案到胶州被德国割据以来，愤懑不平的怒气积蓄已久了，于是他们假借狐鸣篝火的办法乘机起义。顽固党派认为可以借这些人达到自身的目的，利用他们为自己所用。所以义和团实际上是政府与民间的合体，但他们怀有的志向各不相同：民间群众全部出于公义，愚昧而没有谋略，君子很是怜悯他们；政府完全出于私心，昏庸而没有人道，全天下的人民都痛恨他们。

如果当时李鸿章正在管理直隶省，那么这场灾祸或许不会发生，或许灾祸发生的时候李鸿章会比袁昶、许景澄等人先受其害，这一切都是未知的事情。而上天偏不让灾祸早日平定，偏不让李鸿章早日死去。就像是等待着为李鸿章设立一个位置，使他的一生成就一个更大的结果。到六月以后，八国联军逼近京城，李鸿章再次被任命为全权议和大臣。

这个时候，有人为李鸿章献计说，让他拥两广自立，在亚洲开创一个新的政体，这是上策；率兵北上，帮助朝廷剿灭义和团，以报效国家，这是中策；奉命进京，将自己置于虎口中，为顽固党派心甘情愿地卖命，这是下策。但是，实行第一条计策，只有拥有不寻常的学术知识、不寻常的气魄才能做到，李鸿章不是这样的人。他在四十年前正值壮年的时候，还不敢有大逆不道的行为，何况八十多岁的老人呢？所以说这种话的人，实在不了解李鸿章的为人吧。第二个计策看似容易，但他当时在广东事实上并没有一支可以作战的部队可以用，而且这一举动也有嫌疑，万一朝廷大臣中有与李鸿章不和的，给他带上带兵进犯的恶名，将会使他陷于骑虎难下的境地，李鸿章的死亡来得就更快了！而且他整天都想着苟且偷安，将就着生活，以保全自身名誉，他自己也不会选择这么做的。不过，他曾经仔细思考过第三种计策，做出了自己的选择，他知道独自一人进京或许会有意外，所以迟迟不北上前行，他也知道如果不攻破京城，议和一定不能成功，所以他逗留在上海，几个月都没有出发。

太后和皇上在西安安顿好后，议和才开始进行。这次议和虽然不如和日本的那次议和艰险，但其中的纠葛也是很多的。李鸿章这个时候保持镇静，慢慢地商量讨论，幸好各国都有厌恶战乱、想尽快安定的心，朝廷也有悔改发动战乱的心意，于是在光绪二十七年（一九〇一年）七月，订立了下面的十二款和约：

> 第一款　一、大德国钦差男爵克大臣被杀害的这件事，先前已经在西方日历本年六月初九日，即中国日历四月二十三日，奉皇上命令（附件二）亲自派醇亲王载丰为头等专使大臣，到大德国大皇帝面前，代表大清国大皇帝和朝廷表示惋惜。醇亲王已经遵照旨意，在西方日历本年七月十二日，即中国日历五月二十七日，从北京起程。二、大清国朝廷已经声明，在西方大臣克林德被杀害的地方竖立刻有铭文的碑，要与克林德大臣的官位相匹配，上面记述大清国大皇帝对他表示哀悼纪念的圣旨，分别

用拉丁语、德语、汉语书写。在西方日历本年七月二十二日，即中国日历六月初七日，由大清国钦差全权大臣写文致大德国钦差全权大臣（附件三）。现在在西方大臣克林德男爵遇害的地方建立牌坊一座，占满那条街道，已经在西方日历本年六月二十五日，即中国日历五月初十日动工。

第二款　一、惩治办理伤害各国国家和人民的罪臣祸首。在西方日历本年二月十三日、二十一日等，即中国日历去年十二月二十五日、本年正月初三日等，先后所降的旨，所制定的罪名，都列在后面（附件四、附件五、附件六）。端郡王载漪、辅国公载澜，都判定斩监候罪名，又约定如果皇上可以免其一死，必须即刻发配到新疆永远监禁，永生不赦免；庄亲王载勋、都察院左都御史英年、刑部尚书赵舒翘，都判定为赐令自尽；山西巡抚毓贤、礼部尚书启秀、刑部左侍郎徐承煜，都判定为赐令自尽，协同参与的大学士吏部尚书刚毅、大学士徐桐、前四川总督李秉衡都已经死了，剥夺原官，立即执行革职处决。另外，兵部尚书徐用仪、户部尚书立山、吏部左侍郎许景澄、内阁学士兼礼部侍郎衔联元、太常寺卿袁昶，因为去年极力驳斥不能违背各国制定的法律而以最恶劣的罪行被杀害，在西方日历本年二月十三日，即中国日历去年十二月二十五日，奉皇上旨意重新恢复他们的官职，并昭示天下为他们平反（附件七）。庄亲王载勋已经在西方日历本年二月二十一日，即中国日历正月初三自杀；英年和赵舒翘已经在二十四日，即初六自杀；毓贤已经在二十二日，即初四自杀；启秀和徐承煜已经在二十六日，即初八正法。另外又在西方日历本年二月十三日，即中国日历去年十二月二十五日，由皇上下旨意将甘肃提督董幸福样革去官职，他应得的罪名一定从严查办。在西方日历本年四月二十九日、六月三日、□月□□等日，即中国日历三月十一、四月十七、□月□□等日，先后下旨，将去年夏天凶杀惨案内所有承认获罪名的各个外省官员，分别惩治办理。二、大清国皇上下旨宣布将各国人民被杀害被虐待的城镇停止文武各等各类考试五年时间（附件八）。

第三款　因为大日本国大使馆书记生杉山彬被杀害，大清国大皇帝从优荣耀的典法，已经在西方日历本年六月十八日，即中国日历五月初三，下定旨意简派户部侍郎那桐为专使大臣，到大日本国大皇帝前，代表大清国大皇帝和朝廷表示惋惜以及哀悼之意（附件九）。

第四款　在动乱时期被损坏或污毁亵渎的外国的坟墓，由各国大使馆重新修复，并且立碑雪耻，已经和各国的全权大臣合同商定，墓碑由各自国家的大使馆监督建立，并由中国朝廷交预估的各项银两费用，京城一带，每处一万两，外省每处五千两。这项银两，朝廷已经交清。现将要建碑的坟墓，列出清单附在后面（附件十）。

第五款　大清国朝廷不准他国将武器以及专门为制造武器的各种装备材料运到中国境内，已经在西方日历一九〇一年八月十七日，即中国日历本年七月初四日，下旨禁止进口二年。以后如果各国认为有仍应该继续禁止进口的时候，也可以下圣旨将二年的期限往后延续（附件十一）。

第六款　大清国大皇帝下旨答应支付各国赔偿款海关银四百五十兆两，这个款项是西方日历一九〇〇年十二月二十二日，即中国日历光绪二十六年十一月初一，条款内第二款所记载的各国各教会各人民和中国人民的赔偿总数（附件十二）。（甲）这四百五十兆海关银两，按照市场价换成金款，这个市场价按各国金钱的价格换金如下：海关一两银子，合德国马克三点零五五，合奥国克朗三点五九五，合美元零点七四二，合法国法郎三点五，合英国三先令，合日本一点四零七，合荷兰佛罗林一点零七九六，合俄国卢布一点四一二。俄国卢布，按汇率进行核算就是十七点四二四多理亚。这四百五十兆两，按照年利息四厘计算，由中国分三十九年按后附的表中的各章内容清还（附件十三）。本息用黄金偿还，或者按应还款日期的市场价交易折成黄金偿还。还本将在一九〇二年正月初一开始，至一九四〇年结束。偿还各国的本金，应按每年一次的频率偿还，第一次定在一九〇一年正月初一。偿还利息，从一九〇一年七月初一日计算。不过中国朝廷也可以将所欠的首六个月到一九〇一年十二月三十一日的利息，延期从一九〇二年正月初一起，在三年内还清。但是所有延期息款的利息，也要按每年四厘交清。这些利息每隔六个月偿还一次，第一次定在一九〇二年七月初一日交付。（乙）这次欠款的一切事情，均在上海办理。以后各国分别派一名银行董事，将所有负责还款的的中国官员偿还的所有本金利息全部收集保存，分配给有关系的国家、教会或个人，该银行出示回执。（丙）中国朝廷将全数保票的那张纸交给驻守京城的各国钦差大臣手上。这个保票以后分作零票，每票上分别由中国特派的官员画押签字。这节以及发票等一切事情，都应该是由以上所述的银行董事各自遵守本国的法令行事。（丁）偿还保票财源各项进款，应每月给银行董事收集保存。（戊）所定承担保票的财源，都已经展开列在后面：一、新开关税所进款项，除了先前已经作为担保的借款，付清本利之后剩余的款项。进口货税增至百分之五，所增之数也用来支付此次的赔款。其中所有按照旧的规定进口的免税货物，除了外国运来的大米以及各杂色粮面以及金银钱财外，都应该抽取百分之五的税。二、所有常规海关各进款，在各通商口岸的常规项目，均归新关管理。三、所有盐政的各种进项，除归还西方借款的这项外，其他剩下的都归入，到进口货税增加到符合实际值的百分之五。各个国家现在允许实施，只需要声明两件事：一、将现在按照市场估价抽收进口的各项税费，凡是能改的都要快速改为按件来抽税。改办一层之后，以估算计算货物价格的基础，应参考一八九七、一八九八、一八九九三年卸货时各货物计算的价值，是除去进口税及杂费之后的市场总价格。这些税费没改之前，各项该收的税仍照估计的价格征收。二、北河、黄浦这两条水路，都应该治理改善，中国朝廷应及时拨款帮助。至于增税的那一层环节，等到这条款项画押两个月后，马上开始办理，除了在画押日期后到最迟十天已在途中的货物外，概不得免除税费。

第七款　大清国朝廷答应各国大使馆的租界为专门办公与居住使用的地方，并且只由使馆独自管理。中国人民一概不准在租界内居住。各国可以派兵保护，使馆边界线在附件的地图上标明如后（附件十四）。东面的界线，在崇文门大街，图上标注的十、十一、十二等字样；北面图上是五、六、七、八、九、十等字的线；西面图上的一、二、三、四、五等字的线；南面图上是十二、一等字的线，这条线沿着城墙南部随城垛的形态而画。按照西方日历一九〇一年一月十六日，即中国日历上年十一月二十六文内后附的条约，中国朝廷允许各国分别独立自主管辖，并且可以常留兵队分块保护大使馆。

第八款　大清国朝廷应当下令将大沽炮台和有碍京城到海上通道安全的各炮台一律铲平，现在已经正在照办。

第九款　按照西方日历一九〇一年一月十六日，即中国日历去年十一月二十六文内后附的条款，中国朝廷应当允许由各国分别对应自主办理，并且在一起商讨留下军队驻守，以保卫京师到海上通道没有空白无防御的地方。现在各国驻防的地方，有黄村、廊坊、杨村、天津军粮城、塘沽、葫芦台、唐山、滦州、昌黎、秦王岛、山海关各地。

第十款　大清国朝廷答应在两年的时间内，在各府厅州县将后面所述的诏令贴出告示：一、西方日历本年二月一日，即中国日历去年十二月十三日发布诏令，称永远禁止设置和进入与各国为敌的集会、社团，违反者一律斩首（附件十五）。二、西方日历本□月□□日，即中国日历□月□□日发布诏令，犯罪的人如何惩罚办的细节，都一一记载清楚了。三、西方日历本年□月□□日即中国日历□月□□日发布诏令，在各国人民被杀害遭受虐待的各城镇停止文武各等级的考试。四、西方日历本年二月一日，即中国日历去年十二月十三发布诏令，各省总督巡抚、文武百官以及各部门官员，在其所属区域内都有保卫地方平安的责任，如果再发生寻衅滋事、伤害各国人民的事，或有人再有违反条约的行为，必须立刻镇压惩办，否则，该区域负责管理的官员，立即执行革职处罚，永不录用，也不能给予开脱另给奖叙（附件十六）。以上诏令现在在中国全国内逐步张贴。

第十一款 大清国朝廷答应将通商行船加在各条约内，各国觉得应该行使商改的地方，以及有关通商的其他事情，都可以讨论商议，以期待妥当简易的效果。按照第六条赔偿的事项，中国朝廷应答应包办改善北河、黄浦这两条水路，朝廷要协助的各事项如下：一、北河改善河道，在一八九八年连同中国朝廷兴办的各项工作，全部都是由各国派人兴建。二、等到治理天津事务交还后，就可以由中国朝廷派人和各国所派的人一起办理，中国朝廷应该支付海关银每年六万用作对工程的资助。三、现在设立黄浦河道局，经手管理整治改善水道的各项工作，所派驻该局的各国工作人员，都要代表中国和各国保护在上海所有商业的利益。预估二十年内的耗资进行估算，该局各项工程及经手管理的各项费用应该每年使用海关银四十六万两，这些银两由中国与各国平分，一半由中国朝廷支付，一半由在局里的各国出资。该局各员工的责任、权利以及工资收入等的详细内容，都在后附文件中详细列出（附件十七）。

第十二款　西方日历本年七月二十四日，即中国六月初九下旨，将总理各国事务衙门按照各国的决定改为外务部，排在六部的前面。这诏令内已经委派外务部各大王公大臣了（附件十八）。而且变通各国钦差大臣的觐见礼节，都已商定好由中国全权大臣历次照会备案。这次照会会在后附的内容中述明（附件十九）。

现特此声明，以上所讲述的各项内容，以及后面附加的各国全权大臣所签订的文件，均是以法文作为依据。大清国朝廷如果按以上所述，在西方日历一九〇〇年十二月二十二日，即中国日历光绪二十六年十一月初一将条文内的各项款，按照各国的旨意妥善办理，那么就意味着中国希望将一九〇〇年夏天时的动乱所产生的局势结束，各国也要按照规定履行。因此在这里各国全权大臣奉各自政府的命令代为声明，除第七款所陈述的驻守大使馆的兵队外，各国军队立刻在西方日历一九〇一年□月□□日，即中国日历□月□□日全部从京城撤退。并且除第九款所述各地方外，也在西方日历一九〇一年□月□□日即中国日历□年月□□日从直隶省撤退。现在将以上条款印制相同的文件共十二份，均由各国全权大臣签字画押，各国全权大臣各存一份，中国全权大臣保存一份。

《辛丑条约》定下之后，还有一件事是李鸿章未了的债务，就是俄国人的满洲事件。起初《中俄密约》已经制定，俄国人有自己派军队保护中东铁路的权力，到这时义和团兴起，两国交战，俄国人立即借此挑起事端，进行挑衅，掠夺吉林、黑龙江等地，到达了营口。朝廷因为有联军方面的灾难，未能顾及俄国。到和议开始的时候，俄国人坚持这件事归中俄两国另外讨论，与八国联军侵华事不能混为一谈。中国政府不得已先同意了。等到各国和约已定，然后满洲的问题就来了。李鸿章他是害怕俄国吗？是亲俄的呢，还是有不得已的苦衷呢？虽然这些都不知道，但是他们最初商议的约定，其实是把东三省全放在俄国的势力范围下，明显是这样的。现在抄写《中俄满洲条约》全文内容如下：

第一条 俄国交还满洲给中国，行政方面的事情，按照原有的规定办理。

第二条 俄国留下军队保护满洲铁路，等到地方平静后，同时本条约的关键四条一概履行后，开始可以撤军。

第三条 如果有事变发生，俄国将这些军队协助中国镇压动乱。

第四条 如果中国铁路（注：怀疑指向满洲铁路）未开通期间，中国不能驻扎军队在满洲。即使有一天或许可以驻扎军队，其数目也必须与俄国协定，并且禁止运输武器到满洲。

第五条 如果地方大官处理各项事务，不合乎法律规定，就必须由俄国所请求，将这些官员革职。满洲的巡察兵，必须与俄国相互协商，确定其人数，不能任用其他国家的。

第六条 满洲、蒙古的陆军、海军，不能聘请其他国家的人训练。

第七条 中国应该将旅顺口北部金州的自主权利放弃。

第八条 满洲、蒙古、新疆伊犁等地方的铁

路、矿山，以及其他的利益，除非得到俄国的许可，否则不能让给其他国家；即使中国自己治理，也必须要经过俄国的允许。牛庄以外的土地，不能租借给其他国家。

第九条　俄国所有的军事费用，一切都由中国支付。

第十条　如果满洲铁路公司有任何损害，中国政府必须与该公司商议。

第十一条　现在被损坏的东西，中国应该给予赔偿，或者用全部利益，或者用一部分利益作为担保。

第十二条　允许中国从满洲铁路的分支修一条铁路到北京。

这个条约的草稿一公布，南方各省的官吏百姓特别激愤高昂，都通电前来阻止，有的人公开演说，联名上书来抗争。而英美日等国也都在各自的舆论中纷纷开口，势要干涉此事。俄国使节迫不得已，自己让步。经过几个月，又继续修改条约，如下：

第一条　同上

第二条　同上

第三条　同上

第四条　中国虽然可以在满洲驻守军队，但是军队人数的多少，必须和俄国协商。俄国规定的数目，中国不得反对，但是仍不能运输武器到满洲。

第五条　同上

第六条　删

第七条　删

第八条　如果在满洲企图开矿山、修铁路以及其他各项利益的东西，中国除非与俄国协议，否则不允许将这些利益许诺给其他国家的人民经营。

第九条　同上

第十条　同上，并追加“这是驻扎北京的各国家公使协议，而为各国所采用的方法”字样。

第十一条　同上

第十二条　中国需要从满洲铁路的支路修一条到直隶疆界的长城的铁路。

到这时，李鸿章的病情已经极为严重。李鸿章以八十高龄，久经患难，现在已垂垂老矣，又遇上这种变故，忧郁劳累，积劳成疾，已经不是一般人所能承受的了。这年以来，他的肝脏疾病加重，时常大发脾气，有时像发了狂一样。加上俄国使臣助天作恶，每天恐吓、催促，令他难以忍受，等到听说徐寿朋的死讯，他用手按压着胸口吐血，最终走到了人生的终点，于光绪二十七年（一九〇一年）九月二十七日在京师的贤良寺去世。听说他逝世的前一个小时，俄国使臣还来催他画押。最终他死了后这个条约没有订立，现在把它托付给了庆亲王、王文韶。李鸿章临终前不曾说到家里的事，只咬牙切齿地说：“可恨毓贤误国到现在。”随后又长叹说：“太后、皇上不肯回宫啊。”随后闭上双眼逝世了，享年七十八岁。在西安的政府得到电报，整个宫廷震惊哀悼。第二天皇上发布诏令：

我恭敬地尊奉太后旨意。大学士、一等肃毅伯、直隶总督李鸿章，见识宏大，谋略深远，才干过人。由翰林出身建立并且率领淮军，铲平太平天国、捻军等战乱，立下的功劳非常大，朝廷深深感受到他的恩德，晋封为伯爵。辅佐朝廷，服务国家，又任命他为直隶总督兼任北洋大臣，他能够挽救艰难的朝廷，议和中外，熟练老成谋划国家，为国家的长远打算。去年京城的动变，特别派李鸿章为全权大臣，与各国使臣妥善订立和约，都合乎时宜。本来想等到大局全定之后给予嘉奖，却突然听到他匆匆去世的消息，我深感震惊。对于李鸿章特别加恩，按照大学士标准赏赐抚恤，赏赐陀罗经被下葬。派恭亲王溥伟带着十名侍卫，前往祭奠。赐予谥号文忠，追赠为太傅，晋封一等侯爵，入祀贤良祠，以表示真诚思念忠臣的心意。其余葬礼上的礼节，会再有其他的旨意。钦此。

后来又赏赐白银五千两办理丧事。奖赏他的儿子李经述为四品京堂，承袭李鸿章一等侯爵的爵位，李经迈赏给京堂候补官员，其余的子孙，奖赏不等。赐给在天坛、地坛祭祀的待遇。又命令在他的家乡以及立功的省份还有京城建立专门的祠堂，地方官员每年按时祭祀，列入国家的祀典。朝廷用来回报他的荣誉待遇也算得上到了极点。而这一代风云人物，竟然随着北洋舰队、津防练勇，与这个世界和国民永远地告别了。我听到他的死讯时写了一副挽联：

太息斯人去，萧条徐泗空，莽莽长淮，起陆龙蛇安在也

回首山河非，只有夕阳好，哀哀浩劫，归辽神鹤竟何之

［长叹一声，此人已经逝去！曾经群豪并起的地方（徐泗泛指）已经萧条清冷，那奔流不息的淮河（李鸿章的出生地）啊，当初那些叱咤风云的人物（尤指李和他的淮系）都在何处？ 回首看，国家已经面目全非，只有那夕阳，依旧泣血残红。经历了这令人哀之又哀的千年浩劫，他的灵魂将在何处安息？——译者注］

第十二章　结论

- 李鸿章与古今东西人物比较
- 李鸿章之逸事
- 李鸿章之人物

李鸿章一定是数千年中国历史上一个响当当的人物，这个是毫无疑问的；李鸿章一定是十九世纪世界史上的一个人物，这也没有什么疑问。既然这样，这个人物在历史上占据的是什么位置呢？他和中外人物相比较，又有什么自己的价值呢？在这里我试着一一论述，列举出来。

第一，李鸿章和霍光。史家评论霍光说“不学无术”，我评价李鸿章也是“不学无术”。那么李鸿章和霍光果真是同类人吗？我说：李鸿章没有霍光的权力和地位，没有霍光的魄力。李鸿章是严谨遵守规矩的人，并不是能够利用时势，跟随自己内心做事，有非同寻常的举动的人。他一生都没有大肆实现自己的志向，这样的他，怎么能和霍光相提并论？虽然，他在普通的学问和学识方面，也许会稍稍超过霍光一些。

第二，李鸿章和诸葛亮。李鸿章是忠臣，是儒臣，是军事家，是政治家，是外交家。中国历史上，具备这五个资格，而且永远被后世所钦佩，最值得说的就是诸葛武侯。李鸿章所凭借的东西，远远超过了诸葛武侯，但是诸葛武侯取得的君主的信任要远远超过他。李鸿章一开始在上海起兵，用区区三城的支持，就能在江南地区立了大功，他们起初创立功业的艰难也都是相似的。后来他在用兵打仗方面的成就，又远远超过了诸葛武侯。然而诸葛武侯治理崎岖的四川，能使官员们不心怀奸诈，百姓们慰勉警诫自己，而李鸿章数十年的朝廷重臣，都不能和国家百姓团结和睦，使他们被自己所用；诸葛武侯去世后，仅仅有成都八百株桑树的家产，而李鸿章以豪富闻名于天下，这一比较差距还不大吗？至于他们的鞠躬尽瘁、死而后已，臣下眷怀君上的忠诚，这倒是很像。

第三，李鸿章和郭子仪。李鸿章振兴国家、平息祸乱的功劳，和郭汾阳非常像，他俩的命运也不相上下。然而郭汾阳除了平定战乱之外，就再也没有其他的成就了；李鸿章的军事生涯，只不过是他一生的诸多事业中的一部分而已。如果把他们的位置调换来比较的话，那么郭汾阳未必能够比得过李合肥。

第四，李鸿章和王安石。王荆公因为推行新法而被世人诟病。李鸿章因为洋务运动而被世人诟病。王荆公的新法和李鸿章的洋务运动，虽然都不是能称得上特别完善的政策，但是他们的见识和政策推行的规模，绝对不是那些诟病别人的人能够赶得上的。那些号称贤良士大夫的人，都不愿意去帮助他们，而是在后边跟着大家起哄，阻挠他们，在后面议论他们，他们才不得不任用那些小人来辅佐自己。王安石、李鸿章的处境都是一样的。但是王安石得到了君主的信任，被赐予很大的权力，他所兢兢业业在民事方面规划的内容，局面非常宏大，有远见，这一点要超过李鸿章。

第五，李鸿章和秦桧。中国比较庸俗的文人唾骂“李鸿章是秦桧”的最多了，法越、中日两场战争中，说这个言论的人非常多。如果都是出自市井那些没有文化的人之嘴，尚且就允许这些人说一说，士大夫和君子还要这样说，我对他们没有什么好说的了，只能叫他们这是狂吠而已。

第六，李鸿章和曾国藩。李鸿章和曾国藩的关系，就像是管仲跟鲍叔牙、韩信跟萧何一样。不但如此，他一生的学问、见识、事业，没有一样不是由曾国藩提携后，才有了今天的。所以，李鸿章实际是曾文正手底下的一个人物。曾国藩不是李鸿章所能够比得上的，世上的人已经有了确定的评价。不过，曾文正这个儒者，要是让他在外交事业方面担当重任，他的手段、智慧、机警，或许比不上李鸿章，这也未可知。而且曾文正总是遵守着要知道停止、知道知足的戒备之心，常常把急流勇退当作做事方法，但是李鸿章却血气方刚，无论面对什么样的大灾难，都能够挺身而出，自己去面对，从来没有过畏惧困难和想要后退躲避的心情，这也是他非常值得肯定的地方。

第七，李鸿章和左宗棠。左宗棠和李鸿章在当时是齐名的，但是左宗棠凭借的是张扬，李鸿章凭借的是忍耐。要说他们的气度，那么李鸿章的气度不是左宗棠能够比得上的。那些骄傲的湘军曾经想要推举左宗棠为守旧党的首领，来和李鸿章对抗，实际上两个人在洋务运动上的见识不相上下，左宗棠不是那么守旧，李鸿章也不是能够维新的人。幸好左宗棠比李鸿章早去世十几年，所以才能保住自己当时在世俗里的名声，而此后任务的艰巨、世人的诽谤诟病，就都附着在李鸿章一个人身上，左文襄的福气和命也太好了。

第八，李鸿章和李秀成。两个姓李的人都是近世的人中豪杰。李秀成对太平天国非常忠诚，李鸿章对大清王朝非常忠诚，一个被封为忠王，一个死后被称作文忠，两个人都可以算得上是当之无愧。李秀成在用兵方面，在政治方面，在外交方面，都不输给李鸿章，他们一个失败、一个成功，都是天意。所以我翻遍近代史，想要把两个人合在一起作传，最合适而不留而遗憾的，难道不是只有这两个姓李的吗？然而李秀成不杀赵景贤，用礼数来厚葬王有龄，李鸿章却一并杀了那八个投降王将，这件事李鸿章还是应该要在心中愧疚一下的。

第九，李鸿章和张之洞。十年以来，能够和李鸿章齐名的人，那就是张之洞了。虽然这样说，可是张之洞有什么是比得上李鸿章的呢？李鸿章是一个注重实践的人，张之洞是一个浮华的人。李鸿章最不追求名声，张之洞最喜欢追求名声，不追求名声所以才肯任劳任怨，喜欢名声的人所以常常追求投机取巧的利益。张之洞对于外交问题，常常给李鸿章找麻烦，看他所想要实行的那些主意，都是只能说一说，但是没有办法实际实行的。李鸿章曾经对别人说："没想到张之洞做官几十年了，仍然持有像年轻书生那样不成熟的见解。"这一句话可以概括张之洞的一生了。至于他的骄傲和狭隘、残忍苛刻，和李鸿章的有常识、度量大相比，就好像是一个天上、一个地下了。

第十，李鸿章和袁世凯。今后能继承李鸿章发展的人，就只有袁世凯了。袁世凯是李鸿章所提拔的人，他在壮年的时候，就初次担当大任。他的表现在能看到的著作里都没有写到，到底是怎样，今天也不好判断。但是这个人的功利心太重，他有做出破格事情的气魄，比李鸿章强一些。至于他的心术如何，他的毅力怎么样，就不是今天所能够说得出来的了。但是今天那么多的官员里面，论资望和才干，可以成为李鸿章之后的继承者的，除了袁世凯还能有谁呢?

第十一，李鸿章和梅特涅。奥地利宰相梅特涅（Metternich），是十九世纪的第一大奸雄。在他掌握国家权力的四十年里，专门使用狡猾的外交手段，对外指挥左右全欧洲的行动，对内压制民党。十九世纪的前半叶，欧洲大陆的腐败，实际上是这个人的罪过居多。有的人说李鸿章和他有一些相似的地方。但是，李鸿章的心术不如梅特涅阴险，他的才能也不如梅特涅厉害。梅特涅知晓民众的力量并压制他们；李鸿章不知道民众的力量，也不去利用他们；梅特涅的外交政策能够操纵群雄，李鸿章的外交政策甚至连一个朝鲜都不能安顿，这是他所以比不上的原因。

第十二，李鸿章和比斯麦。有的人称李鸿章是“东方的比斯麦”，这么说不是为了讨好他人而说的奉承话，就是谬说了。李鸿章怎么能比得上比斯麦呢？就拿军事来说，比斯麦所战胜的是敌人的国家，李鸿章所杀的都是同胞；拿内政来说，比斯麦向来能够联合那些散漫的国家而成为一个大的联邦，李鸿章却让一个庞然硕大的中国降为一个二等国；就拿外交来说，比斯麦联合奥地利、意大利而为自己使用，李鸿章联合俄国，反而被他们算计。这三者相比较，都算得上是一个天上、一个地下了！这也并不是用成功和失败来论英雄，李鸿章的学问、智术、胆力，没有一样是能比得上比斯麦的，他的成就不能像比斯麦一样，实在是优胜劣汰的例子。虽然李鸿章的好运或许比不上比斯麦，但是他的资本却比比斯麦多。人各有自己的难处，如果不能战胜自己的困难，那么就算不上英雄，李鸿章只知道诉说自己困难的地方，却不知道比斯麦也有比斯麦的难处，这不是李鸿章能明白的。如果让两个人换地方生活，我知道他们的成功失败的情况也还是会这样。所以持着东李西比这种言论的人，实在是不了解这两个人。

第十三，李鸿章和格兰斯顿。有的人把李鸿章、比斯麦、格兰斯顿并称“三雄”。这大概是因为他们掌握国家权力时间长，地位尊贵。李鸿章和格兰斯顿本来就没有一处相似的地方。格兰斯顿所擅长的专门在内治和民政，但是军事和外交并不是他得意的地方。格兰斯顿是一个有深度的人，是民主政治国家的优秀政治家。李鸿章是一个喜欢博取个人功名的人，是传统的东方人物，十八世纪以前的英雄类型。二者相差得还很远。

第十四，李鸿章和爹亚士。法国总统爹亚士（Thiers），是巴黎城下签盟约时议和的全权代表，他当时所处的地位恰好和李鸿章乙未庚子年间差不多。国家存亡危急，忍气吞声，确实是世界上最难以忍受的事情。但是爹亚士不过是偶尔有一次这种情况，李鸿章却是一而再，再而三经历这种时刻；爹亚士所面对的敌国只是一个国家，李鸿章却是好几个国家；相比之下，李鸿章的遭遇更加可悲。然而爹亚士在议和之后，能够组织一场演说，立刻就募集了五十多亿法郎，所以法兰西不超过十年，依然能够重新成为欧洲的第一等强国；但是李鸿章却被赔偿的欠款难住，完全没有补救的办法，于是中国沦陷到危急的情况中，而且一天比一天厉害。他们两个国家的人的爱国之心有差异吗？只不过有机会能够利用民心的李鸿章没有好的方法。

第十五，李鸿章和井伊直弼。日本幕府大将军执掌政权的时候，有幕府的大臣井伊直弼，首当内政外交的大任，细心观察时势，知道闭关锁国、不和外界通商肯定不行，所以就和欧美的各个国家结盟，而且向西方国家学习，学习它们的优势来实现自立。但是当时的日本民间“尊王攘夷”的言论正是盛行的时候，井伊直弼用强有力的手段镇压他们，来效忠幕府大将军，于是全国上下的怨恨和愤怒，都集中到了他一个人的身上，最终被一个壮士在樱田门外刺杀，而日本的维新运动才开始兴起。井伊直弼是明治政府的敌人，也是明治政府的功臣。他的才能让人敬佩，他的遭遇让人可怜，日本人至今都为他申诉喊冤。李鸿章的境遇和他有些相似，且遇到的困难又远远超过井伊直弼。井伊直弼最后横死，而李鸿章死后办了很隆重的丧事，他的命运福气要比井伊直弼好得多。然而日本兴盛起来，中国却还是衰败的老样子。

第十六，李鸿章和伊藤博文。李鸿章和日本的宰相伊藤博文，中日战争里的两个首领，要是用成功和失败来评论的话，自然是伊藤要比李鸿章厉害一些。不过，伊藤博文却绝对比不上李鸿章。日本人常常评论“伊藤博文是际遇最好的人”，他们说得非常正确。他在日本维新运动刚开始的时候，没有立过大功，他经历困难和风雨的阅历，也远输于李鸿章。所以伊藤博文对于日本的重要性，不如李鸿章对于中国的重要性，假如让他们交换位置，恐怕他的成就还不如李鸿章。但是，伊藤博文也有超过李鸿章的一件事，那就是他曾经到欧洲游学，知道什么是政治的本原，所以伊藤博文能够制定宪法，作为日本长治久安的计策；李鸿章就只会在出现问题后修补小的漏洞，要不就是模仿他人，学习一些表面的东西，最终也没有什么成就。但是在日本，日本的学者里像伊藤博文这种有才干的有不下百数人；在中国像李鸿章这样的人才连一个类似都没有，那么这又不能只算作李鸿章的错误。

李鸿章处理政事，桌案上从来没有积压的公文，办理公务非常干练，客厅里也从来没有未会见的宾客，大概做事风格有些模仿曾文正。他的起居和饮食都规定在一个固定的时刻，非常有西方人的作风。他重视纪律，严格自治，中国人里很少有能比得上他的。

不管春夏秋冬，五点钟他就会立刻起床，他的家里珍藏着一本宋代拓本《兰亭序》，每天早晨必定会临摹一百字，他的临本从来不会给别人看。这是他养心自律的一个办法。曾文正每天在军营中，必定会下一局围棋，也是这个道理。

李鸿章每天午饭过后，必定会午休一个小时，从来不会耽误。他在总理衙门任职的时候，每天午睡起床后都会呼喊一声，然后伸出一只脚穿靴子，伸出一只手来穿袍子，服侍的人一刻都不能迟缓。

李鸿章养生一贯用西医的方法，每顿饭都要吃用两只鸡熬出来的鸡汤，每天都让侍奉的太医来给他检查身体，常常用电气设备检查。

戈登曾经在天津拜访李鸿章，停留了好几个月。那时候俄国借着伊犁战争，常常来威胁中国，非常有决裂的气势。李鸿章拿这件事来询问戈登，戈登回答说：“中国现在这个情形，最终无法在今后的世界上立足。除非您自己做皇帝，掌握全部的权力，然后大力整顿。您如果有这个意思的话，我们愿意拿着鞭子效犬马之劳。”李鸿章突然变了脸色，舌头好像被人抻住，说不出话来。

李鸿章接待别人时常常带着傲慢轻侮的神色俯视一切，常用戏弄的态度对待他人，只有和曾国藩相处的时候像对待严亲一样，礼数周到，言辞恭敬，是自然而然就这样做的。

李鸿章和外国人交涉，态度非常轻侮，在他眼中看待他们像是看一些市侩，他说“那些人都是为了牟利才来到这里，我们也要拿着筹码，好好计算，眼中也要只看利益”。崇拜西方人的那种劣根性，这是李鸿章所不对的地方。

在外国人当中，李鸿章最敬重的只有两个：一个是戈登；一个是美国的将军格兰德，也就是南美和北美战争中立了大功的人。格兰德到天津参观游玩的时候，李鸿章对他给予厚待；后来接见美国公使，总是询问格兰德的起居情况；等到他自己被聘任派到西方各国访问的时候，经过美国，听说美国人为格兰德建立纪念功德的石碑，李鸿章当场赠予千金表示心中的敬慕之情。

李鸿章处理事情最讲究精确核实，每遇到一个问题，必定会再三盘问，丝毫不含糊，不轻易对别人许诺，许诺后就一定会实践，实在是言行一致的人。

李鸿章在欧洲的时候，总是喜欢询问别人的年龄，还有人家的家产有多少。随行人员有人跟他说：“这是西方人最忌讳的，最好不要再这样问人家。”李鸿章对此表示不屑。这是因为他的眼中根本就没有欧洲人，感觉这一切都被他玩弄于股掌之上而已。最可笑的是，他曾经参观英国的某个大工厂，参观完毕后，忽然想出一个奇怪的问题，就问那个工头：“你负责管理一个这么大的工厂，一年从什么地方得到收入？”工头回答说：“除了薪水之外，没有其他的收入。”李鸿章慢慢指着他指环上的钻石，说：“那么这个钻石是从哪儿来的？”欧洲人把这件事传为奇谈。

世人都竞相传说李鸿章富甲天下，这件事有些不太可信，他大约有几百万两的产业，这是意料当中的事情。招商局、电报局、开平煤矿、中国通商银行，他里面的股份都不少。有人说南京、上海各个地方的当铺银号，也大多属于他掌管的产业。

李鸿章在京师的时候，常常居住在贤良寺。原来曾国藩平定江南后，初次进入京城觐见陛下，就是住在那里，后来就经常住在那里。将来这个寺庙应当为《春明梦余录》增添一个典故。

李鸿章生平最遗憾的一件事，就是从来没有担任过科举考试的主考官。戊戌年会试的时候他也在京师，李鸿章觉得这次自己一定能够获得主考官的差使，可最终还是没有当上。即使朝廷大殿上的阅卷大臣，也从来没有派过他一次，李鸿章心里一直耿耿于怀。以他的盖世功勋和名声，还要对这种事情恋恋不舍，由此可见科举的毒害深入人心。

以上数条，不过是我偶然知道的，不分类别，随便记下来，来帮助读者观察了解这个人物的一些方面而已。著者和李鸿章的交往也不深，无法更多地知道他的一些传闻逸事；又因为这些事情也无关大体，全记也记不过来，索性就不记了。然而李鸿章到底是一个什么样的人物呢？我想用两句话来评价他：不学无术，不敢破格，这是他的短处；不躲避劳苦的事情，不畏惧诽谤的话，这是他的长处。呜呼！李鸿章已经去世了，但是国家还有很多苦难，将来的形势还会比李鸿章所处的时代更坏，后世的人要怎么处理呢？

我读日本报纸，读到德富苏峰的一篇著论，他品评李鸿章有一些独到之处，翻译记录如下：

> 中国的著名人物李鸿章逝世了，东亚地区的政局从现在之后不免有些寂寞，不仅仅是为大清政府朝廷的顶梁柱倒塌才有感悟。
>
> 总结概括起来，说李鸿章这个人物多么伟大，立的功劳多么大，不如说是他的福气和命运超过常人。他年轻的时候就中进士，点翰林，占据了大清名门望族的地位；在太平天国造反的时候，成为曾国藩的幕僚，出任淮军的统帅，依靠戈登的力量平定了江苏的混乱；他平定捻军，也是秉承着曾国藩的遗留下来的政策，成就大的功业；后来他做直隶总督，分管到天津教案，正当情况危急，处于被法

国要挟的狼狈和尴尬的时刻，忽然遇到普法战争，法国、英国、俄国、美国都为西欧的事情奔走忙碌，而这件教案的事情就无声无息地沉寂了下去。后来的二十五年，他总管北洋事务，在天津开设府邸，统筹中国的大政方针，站在世界的舞台上，这确实是李鸿章全面鼎盛的时代。

不过，李鸿章的地位，他的势力，并不是靠着侥幸而得到的。他在中国文武百官中，的确有卓越超凡的眼界、敏捷的手腕手段，这不是其他人能够达到的。他知道西方发展的大势，了解外国文明，想到利用西方技术来实现自强，这种眼光，即使是前辈曾国藩，恐怕也要让他一步，而左宗棠、曾国荃更无法和他相提并论了。

他在天津屯聚，操练淮军，教给他们洋人的操练方法；创立北洋水师，在旅顺、威海、大沽设置防线；开设轮船招商局，以此来方便沿海河川的交通；设置机器局，制造兵器；开办开平煤矿；倡议开设铁路。他对于军事、商务、工业，没有一样是不留意的，虽然不知道那些建议是不是他先提出来的，我们暂且不谈论，那些权力是否都由他掌管，我们暂时也先不谈论，他办理的那些洋务最后是否得到成效，我们也暂且先不谈论，然而要说是谁引导大清帝国前进到今天的程度的，我不能不首屈一指，回答说：李鸿章。

世界上的人，只知道有李鸿章，却不知道有北京朝廷。尽管北京的朝廷对李鸿章并没有深深地信赖。不但如此，他们还常常用猜忌、怀疑、憎恶的眼光来对待他，只不过是因为国家外部的压迫，排除困难，解决纷争，不是他们所能够胜任的，所以不得已才重用他。更何况，各省的总督、巡抚，整个朝廷的百官群僚，与李鸿章不和的人多了。因此即使是李鸿章事业的全盛时代，他在朝廷内部的势力也非常单薄，并不像他对待外部那样，享有无限的权力，享有无限的光荣。

中日那场战争，是李鸿章一生命运的转折点。他是不是一开始就蓄意发动战争呢？这一点我不敢肯定，但是当情况紧急、两国关系就要决裂时，他忽然就和俄国的大使喀希尼协商，请求他干涉并且派兵平息战争，所以他一开始派兵去往朝鲜，可能是想用威胁的手段逼迫日本不战而屈，这也都不确定。大概是他自视过高，觉得中国实力强盛，所以判断敌军情况的时候出现一些偏差。他大概也不知道东南亚局面的发展趋势，所以做出了失误的策略，这不能为他狡辩。用一句话总结来说，那场中日之战，确实是他平生孤注一掷的一场战争。但是这一次他输了，所以把他一辈子积累起的劳苦功高的声名输了个精光。

普通的人遇到这种失意的情况，就算不带着忧愤去死，也基本上差不多了。李鸿章当时七十三岁高龄，在内部被朝廷严厉谴责，在外部还要去处理残局，挺身而出，负责处理相关议和的谈判，在不幸地被凶恶的坏人用枪击中的情况下，仍然能够从容应对，最终不辱使命；后来更是亲自前往俄国，去祝贺俄国皇帝加冕，在欧洲、美洲游历，对于之前的事情就好像从来没有发生过一样，这正是他的长处。

他晚年的时候，非常萧条、凄惨。他的前半生，和英国非常亲近；他的后半生，和俄国最为亲近，所以英国人认为他是归附于俄国的。他亲近俄国，是因为俄国可怕吗？是因为俄国值得相信吗？我不知道。进一步说，是因为他认为俄国是东方最有势力的大国，所以他宁愿用中国关外的土地贿赂它，拜托它用它的势力来庇护中国，从而可以苟且偷安，这是他亲近俄国的最大原因。因为他处理了《中俄密约》《满洲条约》那些事情，有的人把他看作秦桧那种侍奉金国的人物，都是卖国贼，但是这种言论对于李鸿章来说未免过于残酷。看他的这些举措，是利益和损害得失的问题，并不是正邪或者善恶的品质问题。

自从李鸿章退出总理衙门之后，被任命远到山东地区治理河流，被任命驻扎在偏僻的两广地区管理商务，直到义和团的事情兴起，才又被任命为直隶总督，和庆亲王一同担任全权议和大臣。事情刚刚定下来，他就溘然长逝。这确实称得上是悲惨的晚年，但是不能说是耻辱的晚年。这是为什么呢？因为他的雄心壮志到死也没有被消磨殆尽。

假如让李鸿章在中日战争之前就去世，那么他就是十九世纪的一代伟人，写世界史的人一定会这样大书特书，而且还毫无疑问。他容貌堂堂，一表人才，他巧言善辩，机锋敏锐，纵横捭阖，战术自由，让人一看见他就知道他是一代伟人。但是，他的血管中，是否有一点点英雄的血液呢？这是我不敢断言的。他不像格兰斯顿那样拥有追求道义的高尚情操，他不像比斯麦那样有倔强的品格和男人血性，他不像康必达那样拥有爱国的热血和火焰，他也不像西乡隆盛那样有推心置腹的至真至诚。他治理世事的见识和度量，都没有能够让我不由自主地感到非常信服。进一步说，他并不是那种可以成为人们心中偶像的英雄人物。

不过，李鸿章的大手笔确实非常让人惊叹。他是中国人呀！他是伟大的中国人！他无论面对什么样的事情，都不会感到惊恐，内心不会感到恼火。

他能够忍受别人所不能忍受的事情，无论遇到什么让人失望的事情，他都把那些看作浮云掠过天空，云淡风轻。他的内心真的没有一点点懊恼吗？没有一丝一毫的悔恨吗？但是从他的表面却看不出一丝一毫痕迹。再看那位铁血宰相比斯麦，面对失意下台，他的胸中就像充满愤怒的火焰，好像都要喷出来了；而李鸿章面对自己身上遭遇的那些事情，从来不会把忧虑挂在自己的身上或者表现在脸上。他容忍力的强大，我们这些人尊敬、膜拜，却没有办法做到。

如果要让他像诸葛孔明一样为人，那么绝对没有他在这个世界上活得时间长的道理。这是为什么呢？李鸿章的这一生，实际上就是一部中国的衰亡史，就像剥落笋皮一样，一天比一天危急，和他生活在同时代的人基本全部去世。他这个人的一生，也以前面光明、后面黯淡而告终。但是他身处其中的时候，这些都不曾扰动他的内心。有的人说：他应该是没有脑筋的人。即使这样，普天之下能够做到像他一样没有脑筋的人又有几个呢？没有脑筋的人的成绩还能做到这样，不也是值得人感叹赞赏的吗？

陆奥宗光评论李鸿章说："与其说他拥有豪杰的胆魄，有出众的才能，有决断力，还不如说他本人聪明伶俐，拥有非常高的智商，能够巧妙地观察事情发展的利害得失。”这句话可以称得上相当准确的。不过，李鸿章从来不会畏惧、逃避责任，这是别人所达不到的，比不上他的。这也是他之所以能够成为数十年来大清朝廷里最为重要的人的原因，一直到死亡之前都还身负重任，身负中外厚望，也和这有非常大的关系。有人说：他觉得自己没有什么责任，所以即使是多么重大的责任，他都去承担，不会推卸。然而这件事，也正好体现了他的长处。

李鸿章算得上中国国民的代表人物。他纯粹是一个冷血动物，这是中国国民的天性；他的那种唯强是从的作风，是中国国民的天性；他的容忍能力的强大，是中国国民的天性；他的坚强个性、厚脸皮，是中国国民的天性；他的辞令的巧妙，是中国国民的天性；他的狡猾、有城府，是中国国民的天性；他的自信以及自大的性格，是中国国民的天性。他没有像管仲一样治理世事的见识和度量，他没有诸葛孔明治理国家的胸襟。不过，他不像王安石那样，古板而有学究气。他能够以逸待劳，凭借机智纵横天下，能够虚心问教，对上百件艰难危险的纠纷，他都能够从容面对，并且解决掉。不管是国内还是国外，我都没有见过能够和他相比的。

以上这些言论，的确能够描摹书写李鸿章这个人物的真实面目，没有什么遗漏的，褒奖没有言过其实、过于夸大，贬斥也不过分贬低，我没有什么可以多说的了。至于他把李鸿章作为我们国家的代表人物，那么我们国家的四万万人不能不深深地自我反省。我曾经写了《饮冰室自由书》，里面有《二十世纪之新鬼》这一篇，现在摘出其中谈论李鸿章的一些内容，附录在下面：

鸣呼！至于星氏、格氏怎么能不称作旷世的英雄豪杰呢？这五个人（指的是域多利亚、星亨、格里士比、麦坚尼、李鸿章）都是对他们的国家非常重要的人，除了域多利亚是立宪政府国家的君主，君主没有责任，不需要论断外，像格里士比、麦坚尼，都让他们的国家焕然一新，有一个崭新的面貌。像星亨，他就想要改革但是最终都没有完全实现自己的志向。从这个角度来谈论、来看待，那么李鸿章和这三个人相比的话，有一些惭愧和差劲。李鸿章每次都为自己解释，他是这样说的："我被整个国家所牵制，有很高的志向却没有达到那种程度。"虽然确实是这样，但是，再来看看星亨、格里士比他们冒着千难万险，忍受奇大的侮辱，排除万难，所以最终能够达到自己的目的，这些人怎么样呢？那些真正的英雄，从来不会假借他人的势力，而常常能够自己创造势力。星氏、格氏这些人拥有势力，他们都是自己为自己创造势力的人。而李鸿章只是把自己的荣华富贵、安宁尊荣都寄托到一个政府之下而已，如果他真的是以增强国家实力和便利民众为自己的志向的话，那么怎么能只是靠着自己四十年积累的功勋，以自己的重臣和有名望学问的老年人身份苟活，而不是聚集民望和民心，来战胜旧党顽固势力呢？可惜啊！李鸿章的学问和才识不能像星亨那样，他的热诚也不能像格里士比那样，他能借助的是那些人的十倍，但是最后的成就却远远落后于那些人。实话实说，那李鸿章确实是一个没有学识、没有热忱的人。但是，这么大一个中国，拥有学问和才识，有热忱，能够超过李鸿章的有几个人呢？在十九世纪，各个国家都有英雄，但是我们国家却没有一个英雄，所以我们这些人怎么能不指鹿为马，聊以自慰，自己来嘲讽自己，把李鸿章推出来，向世界展示说：这就是我们国家的英雄。呜呼！他也只是刚好能够称得上是我们国家的英雄而已，也只是刚好能够成为我们国家十九世纪以前的英雄而已。

进一步来说，李鸿章是一个有才气，但是没有学识的人，是一个有阅历但是没有血性的人。他并不是没有鞠躬尽瘁死而后已的决心，但是他却只是修补一些小问题，苟且偷安来等死。他在去世前承担责任而毫不推辞，然而却从来没有制定百年大计留给后人的志向。有句谚语是这么说的：“做一天和尚撞一天钟。”中国朝廷、民间，上上下下所有人，没有不是这样的，而李鸿章只是其中的代表人物。虽然，在今天列举朝廷二品以上的大员、五十岁以上的达官，没有一个能比得上他的，这是我今天能够断言的。嗟呼！李鸿章的败绩，既然已经屡见不鲜，今后这样的内忧外患的风潮，可能会比李鸿章这个时代严重好多倍，所以今天再想要找到一个李鸿章这样的人，也是希望渺茫，可能无法再次看到吧。感慨中国的前途，不禁让人毛发竖起，不知道最终会怎么样，最后会走到哪一步。

九州生气恃风雷，万马齐喑究可哀。

我劝天公重抖擞，不拘一格降人才。